길 위에서 만나는 시간과 추억,
사람이 더욱 소중하고 아름답게 빛납니다.

CHEKO E IKOU!
by SUGESAWA Kayo

Copyright ⓒ 2005 SUGESAWA Kayo
All rights reserved.
Originally published in Japan
by KAWADE SHOBO SHINSHA, Publishers, Tokyo.
Korean translation rights arranged
with KAWADE SHOBO SHINSHA, Publishers, Japan
through THE SAKAI AGENCY and B&B AGENCY.

이 책의 한국어판 저작권은 B&B 에이전시를 통한
저작권자와의 독점 계약으로 도서출판 소화에 있습니다.
저작권법에 의해 한국 내에서 보호를 받는 저작물이므로
무단 전재와 무단 복제를 금합니다.

Style Mania Travel

Praha 프라하
골목골목 누비기

스게사와 가요 글·그림 | 민성원 옮김

소화

머리말

잊고 있던 작고 낡은 상자.
천천히 뚜껑을 여니 그리운 멜로디가 아련하게 흘러나온다.
프라하는 이런 뮤직박스 같은 이미지.
중세에서 시간이 멈춘 거리,
동화에나 나올 법한 높은 탑과 오래된 성들….
머나먼 동경의 나라였던 체코의 프라하로
드디어 여행을 떠났습니다.
아름다운 프라하 시내를 걸어다니며
중고 서점 구석에 있는 다정한 그림책, 돌이 깔린 미로 같은 골목,
인형극에 빠진 아이들의 해맑은 웃음,
누군가의 손에서 태어난 사랑스러운 소품,
황금빛 맥주와 만났습니다.

'한 번 더 체코에 가서 그림을 그리고 싶어!'
2년 후 이루어진 두 번째 여행에서는
마음에 드는 상점들과 체코 사람들이 추천해 준 곳에서
첫 여행과는 한결 다른 프라하를 즐겼습니다.
또 체코에 관심을 갖게 해준 그림책 작가들의 고향을 찾아가
세계문화유산으로 지정된 고풍스러우면서도 아기자기한 거리들을 돌아다니며
그곳의 아담하고 한가롭고 평화로운 분위기에 완전히 매료되었습니다.
그리고 많은 추억과 매력이 담긴 골목골목의 모습을 열심히 그렸더니
어느새 한 권의 책이 되었습니다.
아무리 들여다보아도 여전히 신비한 매력이 숨어 있는 프라하.
이제 즐거운 여행 이야기를 풀어놓겠습니다.

자, 당신도 프라하에 가보지 않으시겠어요?

| 차례 |

머리말 4
자, 프라하로 출발! 8
체코와 주변 지도 9
이 책을 보는 방법 10
프라하 지하철 노선도 11

Česká 1 프라하 산책

프라하 지도 14
프라하에서는 뭘 탈까? 18
맥주 천국 프라하에서 건배! 24
그림책 보물찾기 34
음악이 흐르는 거리에서 44
카페에서 보내는 우아한 시간 52
발길을 붙드는 노천 시장에서 56
매혹적인 쇼핑 거리 62
프라하에서는 어디서 잘까? 66
서커스에서 보내는 따스한 시간 72

백탑의 거리로 나가자 16
꿈에 그리던 프라하성으로 20
누구나 좋아하는 인형극 30
호른과 우표 40
슈퍼마켓에서 발견한 것들 48
혼자 즐기는 식사 54
눈길과 마음을 빼앗긴 물건들 58
화가의 저택에서 하룻밤을 64
발길을 좀 더 옮겨 보자 70
블타바강의 유람선 여행 74

Česká 2 요세프 라다와 차페크 형제의 고향으로

요세프 라다를 만나러 가다 86
차페크 형제를 만나러 가다 91

Česká 3 세 도시로 떠나는 작은 여행

설탕과자 같은 집들, 텔츠 98
아름다운 광장과 분수, 체스케부데요비체 102
장미와 탑, 체스키크룸로프 106

프라하의 색다른 얼굴들

골동품과 중고품의 보물섬, 바자 스케치 39
성냥갑 디자인의 작은 세계 46
프라하 거리를 달리는 슈코다 스케치 73
거리에서 마주친 프라하의 패션 스케치 76
놓치면 후회할 미술관들 78
기차 여행 80
버스 여행 81
차창 밖 풍경 82
프라하 시내 지도 83
여행의 해프닝 105
체코에서 보내는 편지 112

알고 가기

알면 편리, 간단한 체코어 114
온갖 여행 정보 118

꿈속에서도 걷는 프라하 124
프라하에 가고야 말리라 126

자, 프라하로 출발!

드디어 소원이 이루어져 두 번째로 체코에!
수도 프라하를 비롯해
그림책 작가의 기념관이 있는 마을과
자그마한 도시 세 곳을 둘러볼 예정입니다.
처음에는 선배와 둘이, 나중에는 나 혼자만의 여행입니다.
한 손에는 스케치북을, 한 손에는 색연필을 들고 다니는
여행이 이제 시작됩니다!

나 선배
스케치북 여행 노트

여행 캘린더

PO 月	ÚT 火	ST 水	ČT 木	PÁ 金	SO 土	NE 日
10月 여행 준비로 야단법석	19 파리 경유	20 오전에 프라하 도착	21 BUS 차페크 형제 기념관이 있는 마을로	22 요세프 라다 기념관이 있는 마을로 ✈ 선배와 합류	23 마음에 드는 소품점 발견!	24 BUS 3박 4일 예정으로 텔츠 도착
				프라하		텔츠
25 BUS 체스케부데요비체에 들름	26 체스키크룸로프에서 2박	27 프라하에 돌아와 우표상 순례 밤에 맥주 한잔	28 별 5개짜리 호텔 르 팔레에 숙박!	29 갖고 싶었던 그림책 발견! 선배는 빈으로!	30 다시 혼자 여행 서커스 구경	31 트로야 관광 저녁에 인형극 두 편 관람
체스키크룸로프				프라하		
11月 1 전망대에서 보이는 경치에 감동!	2 미술관에서 예술 삼매경	3 맥주 공장 견학 밤에는 인형극	4 선물 가게와 바자에서 쇼핑	5 마지막으로 한 번 더 프라하성 근위병 교대식 구경	6 굿 바이! 프라하에서 파리로	7 파리에서 이틀 머물고 귀국
		프라하				파리

체코와 주변 지도

 Česká Republika 체코공화국

인구
약 1,025만 명

통화
코루나(kč)
1 kč = 약 44원

면적
7만 8,864km²

기후
사계절 모두 아름답다. 내가 여행한 여름과 가을은 그런대로 지내기 좋아 적극 추천! 겨울은 설경이 아름답고 크리스마스 시장이 선다. 체코 사람들은 꽃과 신록이 거리를 장식하는 봄을 추천한다.

시차
8시간 늦다. 서머타임 기간(3월 마지막 일요일 AM 2:00~10월 마지막 일요일 AM 2:00)에는 7시간 늦다.

비행 시간
직항편 약 11시간 30분
경유편 약 14~19시간

이 책을 보는 방법

① **U Fleku** 우 플레쿠
② p.83 ③ Křemencova 11, ④ Praha 1 ☎ ⑦ 224-934-019
⑤ 9:00~23:00 ⑥ www.ufleku.cz

① 명칭
② 지도 페이지
③ 거리 이름 + 번지
④ 구
⑤ 개관 · 영업 시간
⑥ 홈페이지 주소(http:// 생략)
⑦ 전화번호
　전화회사 번호 + 420(체코 국가번호) + 전화번호

지도 보기

Ⓜ 지하철
Ⓐ Ⓑ Ⓒ 지하철 노선
Ⓣ 트램
① ~ 트램 노선
✝ 교회　　📮 우체국
🛈 관광 안내

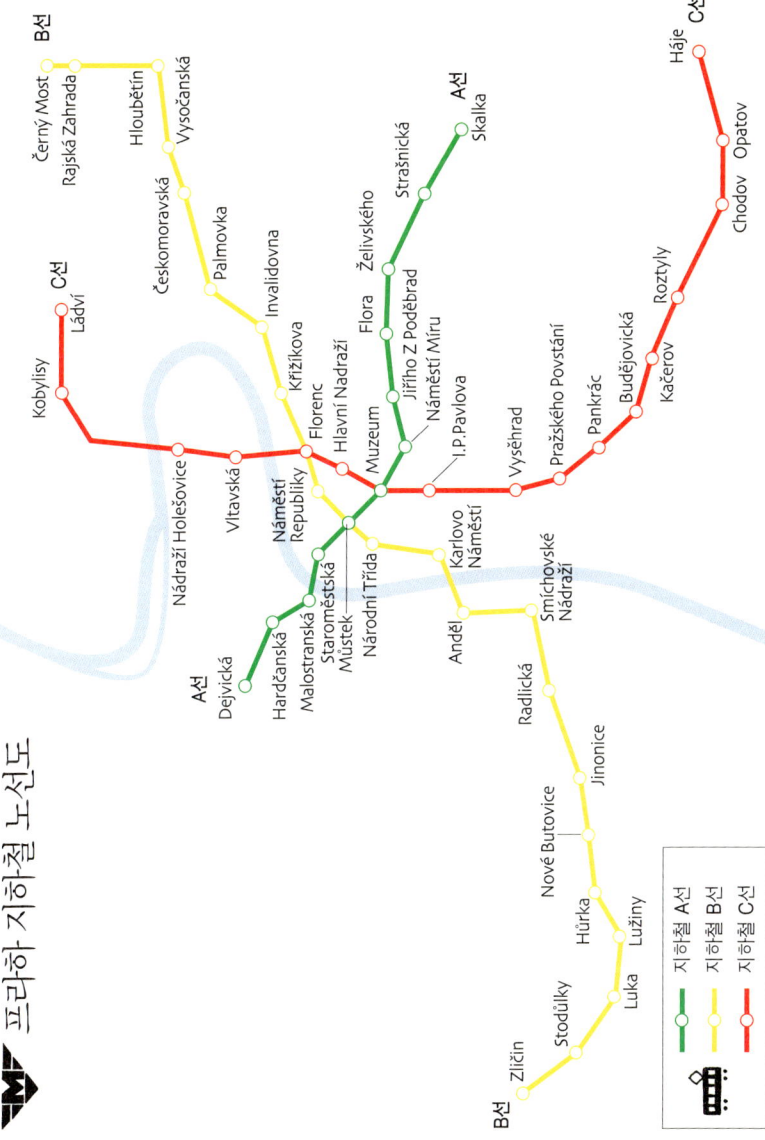

Česká 1

프라하 산책

여행은 특별한 '나'가 되기 위한 떠남이 아니라
일상의 '나'로 돌아오기 위한 떠남이다.

백탑의 거리로 나가자

구시가지에서 프라하성에 이르는 길은 프라하 최고의 산책 코스. 중세 유럽의 분위기가 물씬 풍기는 로맨틱한 건축물들이 거리를 수놓고 있다.

Orloj 천문시계

매시 정각 죽음의 신이 종을 울리면 열두 사도가 나타났다 사라져 가는 신기한 시계

Karluv Most 카를교

카를교 가운데에 서 있는 성 얀 네포무츠키의 청동상을 만지면 행운이 온다는 이야기가 전해진다.

Kostel sv. Mikuláše
성 미클라슈 교회

바로크 양식의 우아한 성 미클라슈 교회 양파처럼 동그란 청록색 지붕이 재미있다.

Prašná brána 화약탑

역대 왕들이 대관식 행진을 하던 왕의 길은 여기서 시작된다.
탑 위에서 바라보는 경치가 황홀

백탑의 거리라고 불릴 정도로 비죽비죽 솟아 있는 탑들은
프라하의 풍경을 신비의 세계로 바꾸어 놓는다.
불이 켜진 탑이 조용히 밤하늘에 떠오르는 모습은
아주 환상적이어서 마치 마법에 걸린 듯하다.

matka Boží před Týnem

틴 교회

하늘을 찌를 듯한 두 개의 탑이
밤에는 은색으로 빛난다.

건축 박물관 같은 구시가지 광장

프라하에서는 뭘 탈까?

지하철과 트램을 타고 다니며 동화 속 나라에 온 것처럼
아름다운 프라하 시내를 구석구석 둘러보자.

Metro 지하철

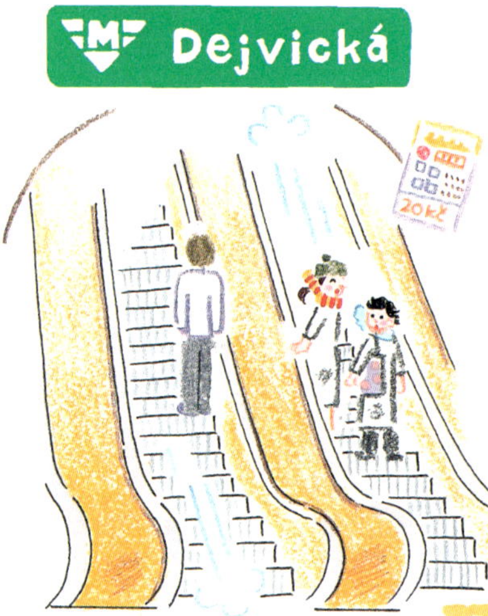

표는 지하철·트램·버스 공용
환승이 가능한 20kč짜리 표와
환승할 수 없는 14kč짜리 표가 있다.
자동발매기는 물론이고
신문가판대에서도 살 수 있다.
가방 하나에 짐표 한 장씩 사야 하므로 주의!

와, 빠르다!
초스피드 에스컬레이터를 타고 지하로

금속으로 꾸며진 플랫폼과
눈부신 은빛 전철

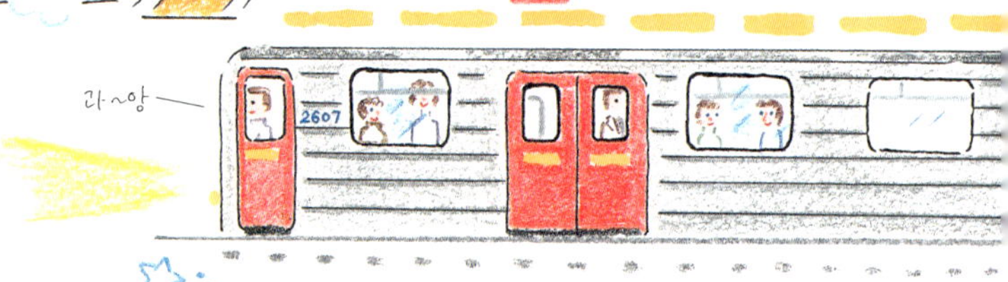

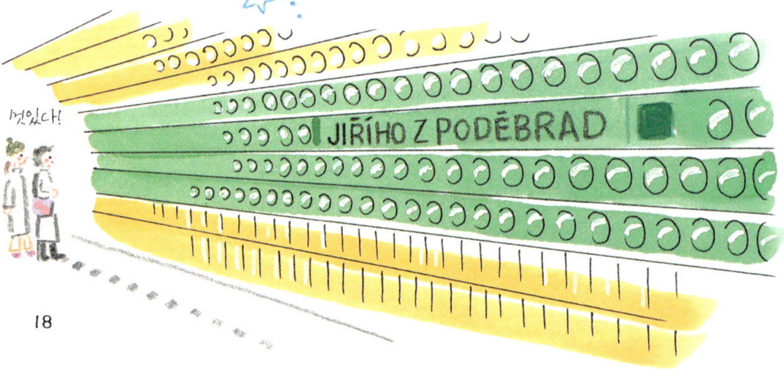

라~앙~

2607

것있다!

JIŘÍHO Z PODĚBRAD

18

Tramvaj 트램

노면 전차 트램(트람바이의 영어 발음)은
차창 밖 풍경을 즐길 수 있어서 좋다.
특히 블타바강을 건너 프라하성으로 향하는
㉒번과 ㉓번 트램은 꼭 한번 타보자.

밤에 트램을 타고 카를교를 건넜는데
조명을 받은 블타바강은 너무 매혹적이었다!

🚙 시내 곳곳에서 만나는 도로 표지판

길거리에서 마주치면 절로 웃게 되는
그림책에서 빠져나온 듯한 표지판들.
공사 중인 곳이 정말 많았다.

초록 불이 켜지면
커다란 소리를 낸다.

스쿨버스에서
손을 흔드는 아이들

꿈에 그리던 프라하성으로

먼저 14세기부터 프라하를 지켜 온 유서 깊은 프라하성으로 가자.
왕의 길을 지나 카를교를 건너고 네루도바 거리를 산책하면서
흐라드차니 언덕을 오르면 마침내 프라하성이 자태를 드러낸다.

Pražský hrad

창에서 고적대가 등장
블타바강 동안에서도 보이는 높은 탑

농민의 열두 달을
표현한 장식이
달린 철문

황금소로
(p.22~23)

달리보르카탑

장난감 박물관

성 이지 교회

성 비트 성당

블타바강

마티아스문

구왕궁

정문

매시 정각에 있는
근위병 교대식은
반드시 볼 것!
구호에 맞추어 정렬! 행진!

돌이 깔린 길에
행진 소리가 울린다.

나는 성 비트 성당, 구왕궁, 황금소로를
두루 볼 수 있는 B티켓으로 입장

neRudova 네루도바 거리

말라스트라나 지구 네루도바 거리의 집들에는 각양각색의 장식물이 달려 있다.
주소를 번지로 표시하는 방법이 없던 시대에
집주인의 직업을 상징하는 장식을 만들어 문패 대신 붙였던 것이다.

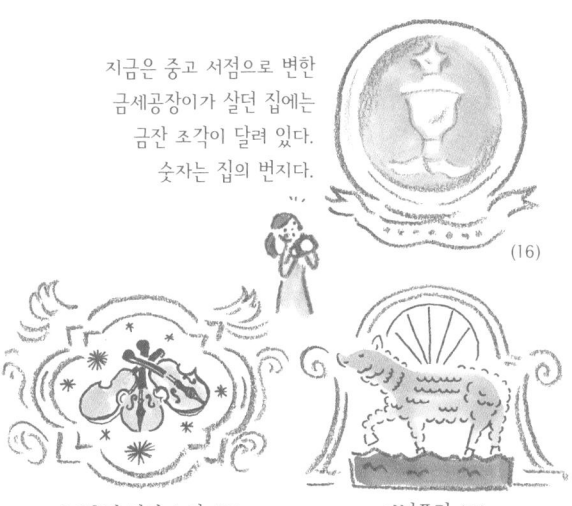

지금은 중고 서점으로 변한
금세공장이가 살던 집에는
금잔 조각이 달려 있다.
숫자는 집의 번지다.

(16)

바이올린 장인의 집 (12)   기념품점 (11)

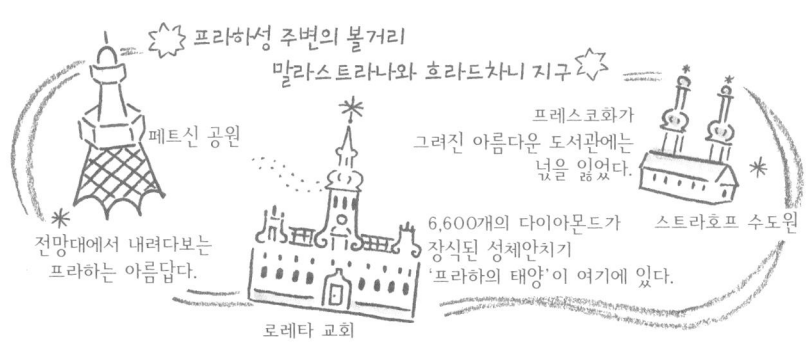

☆ 프라하성 주변의 볼거리
말라스트라나와 흐라드차니 지구 ☆

페트신 공원

전망대에서 내려다보는
프라하는 아름답다.

프레스코화가
그려진 아름다운 도서관에는
넋을 잃었다.

스트라호프 수도원

6,600개의 다이아몬드가
장식된 성체안치기
'프라하의 태양'이 여기에 있다.

로레타 교회

Pražský hrad 프라하성

4~9월 9:00~17:00 11~3월 9:00~16:00 www.hrad.cz
- A 티켓 성 비트 성당+구왕궁+성 이지 성당+황금소로+화약탑+달리보르카탑 350kč
- B 티켓 성 비트 성당+구왕궁+황금소로+달리보르카탑 220kč
- C 티켓 황금소로+달리보르카탑 50kč

Zlatá ulička 황금소로

프라하성 안의 운치 있는 좁은 골목에 옹기종기 늘어선 아담한 집들은 모양도 색깔도 제각각.
프라하성 수비대원들의 숙소로 사용되다 연금술사와 금세공장이들이 살면서
황금소로라는 이름을 갖게 되었다고 한다. 지금은 기념품점 골목으로 변신한 황금소로를
그림책에 빠져 든 기분으로 여유롭게 산책하자.

몸을 수그리지 않고서는 들어갈 수 없을 만큼 입구가 작다.

2층은 전부 연결되어 있고 중세의 무기, 의상들이 전시되어 있어 신비한 분위기

NO:22 작가 카프카가 집필에 몰두했던 작업실

NO:20 바깥벽에 바이올린이 달려 있다.

- 2F 천장이 낮고 어둡다.

NO:27 보석   NO:26 시계   NO:25 무하 상품   NO:24 계단   NO:23 판화   NO:22 엽서   NO:21 도자기   NO:20 악기   NO:19 소품

테라스 자리도 있는 카페 카프카

입구에서 티켓을 체크

카페 카프카

NO:21 도자기상점 물건들이 아기자기하다.

프라하성에서는 분위기 있는
이 카페를 추천!!
뜨거운 수프를
빵으로 덮었다.
마음이 편안해지는
세심한 서비스!

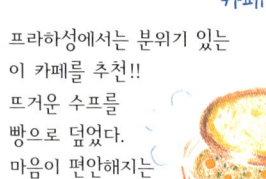

감자수프
애플파이

NO:23 판화 상점 앞에서 체코 국기 모양의 미니핀을 발견.
귀여운 꽃무늬 포장지에 싸준다.

손짓하며 부르는 나무 간판

No.16
체코의 명물
나무 장난감과
마리오네트

No.13
아줌마 주인이 있는
멋진 도자기 가게를 또 찾아가고 싶었는데
지난번 여행 때와 달라져 있었다.

No.18 옷 　 No.17 갤러리 　 No.16 나무 장난감 　 No.15 유리제품 　 No.14 소품 　 No.13 소품

No.19
마음에 드는 집

황금소로의
집모양을 한 자석

작은 창에는 손으로
만든 소품을 진열

비스듬하게 기운 작은 집들, 돌이 깔린 좁은 골목… 프라하에서 가장 좋아하는 곳이다.

알폰스 무하(Alfons Mucha, 1860~1939)
모라비아 지방에서 태어나 프라하에서 세상을 떠난 체코의 화가. 1894년 당시 최고의 여배우 사라 베르나르를 위한 포스터「지스몽다」를 제작하여 명성을 얻었다. 체코가 사랑하는 이 화가의 그림은 다양한 상품에 쓰이고 있어 심지어 메뉴판에서도 볼 수 있다.

맥주 천국 프라하에서 건배!

맥주 소비량 세계 제일의 체코, 맥주 천국 프라하에서는
낮에도 밤에도 '나 즈드라비(건배)!' 소리가 들려온다.

선배와 합류한 날 밤, 제일 먼저 찾은 곳은 여기!

U DVOU KOČEK
우 드보우 코체코

p.83 Uhelný trh 10, Praha 1
☎ 224-229-982 11:00~23:00

'두 마리의 고양이'라는 이름의 비어홀

넘칠 듯이 따른
Pilsner Urquell 필스너 우르쿠엘
프라하의 서쪽 플젠에서
생산하는 맥주

Pražskášunka
전채는 역시 프라하 햄

우 드보우 코체크의
오리지널 종이 매트

Hovězí guláš
체코의 대표 요리 쇠고기 굴라슈는
오래 끓여서인지 깊은 맛이 난다.
양배추, 양파, 토마토 등이 든
스튜 같다. 2인분 338kč

기념으로 됫을 샀다.

애수 젖은
멜로디를
연주하는
악사

맥주 서버에도
기둥 위에도
여기저기에
두 마리 고양이가

U Fleku 우 플레쿠

p.83 Křemencova 11, Praha 1 ☎ 224-934-019
9:00~23:00 www.ufleku.cz

유서 깊은 비어홀이 많은 프라하에서 가장 오래된 곳으로 1499년에 창업했다. 원래는 수도원 건물이었다고. 흑맥주 맛이 일품!
체코 작가 하셰크의 「세계대전 중의 용감한 병사 슈베이크의 운명」의 배경이 되기도 했다.

🟢 소설 속 슈베이크로 분장하고 테이블 사이를 돌아다니며 연주하는 2인조 악사

커다란 시계 간판

잘 구워져 육즙이 가득한 소시지

아무 말 안 해도 자동으로 나오는 흑맥주 400ml 49kč
체코의 전통주 베헤로프카는 꽤 세다! 실과 바늘처럼 소시지에 따라 나오는 달콤새콤한 자우어크라우트

곁들여서 나온 찐빵 크네들리키

두툼한 로스트포크 2인분 764kč
Vepřo 베프조, Knedlo 크네들로, Zelo 젤로

우 플레쿠 웨이터 마리오네트를 팔고 있었다. 399kč ★

우 플레쿠 오리지널 맥주잔 받침

정말 이렇게 많은 맥주잔을 한 번에 날랐다.

Pivovarský Dům 피보바르스키 둠

p.83 Ječná/Lípová 15, Praha 2 ☎ 296-216-666
11:00~23:30 www.gastroinfo.cz/pivodum

프라하 사람들에게 인기 있는 비어홀
프라하에 산다면 나도 단골이 될 텐데.

동으로 만들어진 커다란 양조 탱크

기다란 맥주 서버를 놓고
점점 비워 가는 젊은이들
내 손으로 직접 따르며
맥주를 마시는 게
얼마나 근사한 기분이던지.

이곳 사람들에게도
평판이 자자한
오리지널 흑맥주
500ml 31.5kč

20kč
시차 때문에 졸려서
쇠고기 굴라슈만
주문

비어홀의 마크가
들어간 잔받침

🍒 빵이 곁들여져
이것만으로도 든든!

U Medvídků 우 메드비트쿠

p.83 Na Perštýně 7, Praha 1 ☎ 224-211-916
11:30~23:00 www.umedvidku.cz

세계적으로 유명한 체스케부데요비체의
맥주 부드바이저 부드바르를
맛볼 수 있는 비어홀
지하 창고 같은 분위기

우 메드비트쿠의 마크

Smažený sýr
치즈프라이

체코의 감자는
정말 맛있다!

뒷맛이
산뜻하다!

맛있는 치즈

Vepřový řízek
포크커틀릿

2인분 350kč

Hostinec U Kalicha
호스티네츠 우 칼리하

p.83 Na Bojišti 12-14, Praha 2 ☎ 296-189-600 · 601
11:00~23:00 www.ukalicha.cz

「세계대전 중의 용감한 병사 슈베이크의 운명」의 작가 하셰크가 단골이었다는 이곳은 비어홀의 마크에서 그릇, 잔받침까지 온통 슈베이크 그림이다.

잔받침에도 슈베이크가

낙서 같은 벽화를 보는 재미도

할아버지 악사들도 슈베이크룩으로 차려입고 음악을 연주한다.

가벼운 식사
2인분 610kč
맛은 평범

메뉴의 이름이 독특!
형제 비프스테이크

부인 치킨샐러드

u kalicha

오리지널 상품은 입구 옆 매장에서 살 수 있다.
귀여운 물건이 여러 가지 있다.

할아버지 악사와 똑같은 슈베이크 모자
350kč

슈베이크 인형, 맥주잔과 그릇, 볼펜, 성냥, 라이터 따위의 물건이 갖추어져 있다.
선물로 어떨까?

맥주의 나라에 왔으니
　　　　양조장에 가보자

Brauerei STAROPRAMEN
스타로프라멘 맥주 양조장

p.29 Nádražní 84, Praha 5 ☎ 257-191-111
🍺 영어 가이드 · 시음 포함 100kč
www.pivovary-staropramen.cz

위풍당당한 그 거대한 건물!

프라하의 유명 맥주 메이커 스타로프라멘의
양조장을 구경하는 영어 가이드 투어에 참가했다.
갖가지 홉도 보여 준다.
그날의 투어는 13:00에 시작(사전 확인 필수)

스페인인 가족 독일인 커플 사원 가이드 나

호프를 끓이고 발효시켜 맥즙을 만든다.

▽ 시원한 방에서 냉각한 다음 발효
부글부글 발효되는
고약한 냄새가…

저장 ➡ 여과를 거쳐 완성 ☆

트럭에 얹힌 커다란 탱크에 맥주를 채우는 사람들

STAROPRAMEN

프라하의
레스토랑에서
자주 눈에 띈
대중적인 맥주

VELVET

과일 맛이 나서
여성 취향
나도 아주
좋아한다!

🕐 한 시간 정도 견학한 후
드디어 신선한
스타로프라멘을 시음!
여러 과정을 거쳐 한 잔의
맛있는 맥주가 완성되는구나.

멋진 인테리어, 뛰어난 맛의 맥주, 근사한 요리로
젊은이들에게 인기 있는 비어 레스토랑 소개

STAROPRAMEN
직영 레스토랑

STAROPRAMEN NA VERANDÁCH
스타로프라멘 나 베란다흐

Nádražní 84, Praha 5
☎ 257-191-200 11:00~24:00

맥주 양조장에 있는 레스토랑에서 스타로프라멘사가
자랑하는 갓 완성된 맥주를 맛보자!

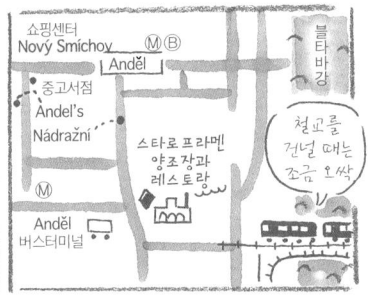

Granát 그라나트
캐러멜 맛이 나는
황금빛 맥주

25kč

Buffalo's wings
버팔로윙이 맛있다!
또 먹고 싶다.

블루치즈

스파이시 치킨

이걸 시음! good?

옆자리의 관광객이 맛있느냐고
말을 걸어 올 정도로 맛있는 냄새가…

POTREFENÁ HUSA 후사

Vinohradská/Kolínská 19, Praha 3
☎ 267-310-360 11:30~25:00

Velvet
이름 그대로
벨벳처럼 부드럽다.
잘 마시지 못하는
사람도 괜찮을 듯
카푸치노 같은 거품이
내려오면 마실 때

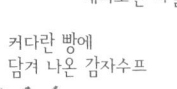

안심바비큐

커다란 빵에
담겨 나온 감자수프

KLUB ARCHITEKTŮ
클럽 아르히테크투

p.83 Betlémské náměstí 169/5a, Praha 1
☎ 224-401-214 11:30~24:00

여기도 추천할 만한 레스토랑
베틀레헴 교회 옆 오래된 건물의
지하에 있어 은신처 같은 레스토랑!
돌벽에 둘러싸인 역사 깊은 공간에
모던한 인테리어가 돋보인다.

치킨바비큐 160kč

먹음직스러운 콩

여기에서도
바비큐는 유행이군…

누구나 좋아하는 인형극

체코의 인형극은 300여 년의 전통을 지녔고 국립 인형극 전문학교가 있을 정도로 많은 사람에게 사랑받고 있다. 특히 체코에서는 인형극 하면 실로 움직이는 인형극인 마리오네트를 가리킨다.

Divadélko Říše Loutek
국립 마리오네트 극장

p.83 Žatecká 1, Praha 1 ☎ 224-819-322
www.mozart.cz

극장 입구 간판에도 마리오네트가 걸터앉아 있다.

「Don Giovanni」 돈 조반니

시즌 중에는 매일 저녁 8시에 영어로 공연
◉ 어른 490kč

모차르트의 오페라를 유머러스한 인형극으로 꾸민 레퍼토리.
인형을 움직이는 손이 막 사이로 언뜻언뜻 보여 깜짝 놀랐다. 재빠르게 줄을 엇갈리거나 잡아당기는 모습이 마치 마술을 거는 듯. 인형들은 살아 있는 사람처럼 자연스럽게 움직였다.

어린아이 키 정도의 크기

모차르트는 「돈 조반니」를 작곡도 초연도 프라하에서 했다.
「돈 조반니」는 관광객을 위한 공연이며 어린이를 위한 인형극 공연은 주말 낮에 있다.

차페크의 「개와 고양이 이야기」의 스틸 사진이 극장 앞에 붙어 있었다. 재미있겠다!

이야기 진행을 맡은 피에로가 용을 물리친다!

KC Novodvorská 라는
교외의 문화센터에서는 인형극 「용의 옛날이야기」를
보았다. 마지막에 인형사들이 마리오네트를
움직이는 실연을 해주어 모두 즐거워했다.
입장료는 어른 30kč 정도

과자를 너무
먹어서 뚱뚱

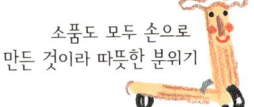

소품도 모두 손으로
만든 것이라 따뜻한 분위기

체코 사람들에게 인형극은
매우 친근한 존재다.
체코에서는 인형 극단이 어린 관객들을
찾아다니고 가족이 함께 인형극을 보러 간다.

Divadlo Akcent 디바들로 악첸트 극장에서 본
「헨젤과 그레텔」은 인형에 손을 넣어 움직이는 손인형 인형극
상냥한 아이, 씩씩한 아이, 성격의 차이까지 표현!
체코 어린이들에게 익숙한 작은 극단의 인형극을 두 편 볼 수 있었다.

어린이들은 아코디언 연주가 배경음악으로 깔리는 인형극을 보면서
소리를 지르고 깔깔거리고 웃기도 하며 재미있게 본다.

Divadlo Spejbla & Hurvínka
스페이블 & 후르비네크 극장

p.69 Dejvická 38, Praha 6 ☎ 224-316-784
어른 60kč   www.spejbl-hurvinek.cz

1930년 마리오네트 장인 요세프 스쿠파가 설립한 유서 깊은 극장. 아빠 스페이블과 아들 후르비네크를 비롯한 기묘한 가족이 주인공인 인형극을 공연하는 전문 극장인데, 매일 매진될 정도로 큰 인기를 누리고 있다. 이 가족은 체코에서는 매우 친숙한 캐릭터여서 마리오네트 상점에서 자주 볼 수 있고 극장 옆에는 벽화로 그려져 있다.

아빠 스페이블와 아들 후르비네크의 애교 넘치는 표정에 완전히 사로잡혔다.

🎵 내가 본 인형극은 「후르비네크와 거울」 「HURVÍNEK A ZRCADLO」 🎵

세밀하게 그려진 배경 그림과 마리오네트의 의상, 소품까지, 전부 예술적

후르비네크가 거울 속에서 공주와 만나는데 첼트(악마)에게 들켜 버린 공주를 용감하게 도와준다는 내용. 눈을 데굴데굴 굴리며 코믹하게 움직인다.
체코어 대사를 알아듣지 못해도 귀여운 마리오네트의 동작을 보는 것만으로도 재미있다!

극장에 마리오네트가 전시되어 있는데 어린이만 한 크기로 꽤 무거워 보였다.

무섭게 생긴 첼트

Zerýk ♥

후르비네크의 강아지

스페이블 & 후르비네크 극장에서 기념품을

후르비네크 열쇠고리
30kč

20kč

이야기와 노래가 담긴 CD
후르비네크 역을 하는 어린이의
사랑스러운 노랫소리에 마음이 평온해진다.

극장 앞에서 스케줄을 알리는 포스터도 체크!

극장 복도에 전시된 체코 어린이의 그림 정말 귀여운 후르비네크!

인형극을 보기 위한 힌트

- 극장의 홈페이지에서 공연 레퍼토리와 스케줄을 확인해 둔다. 단 변경할 경우가 있거나 여름에는 공연을 쉬는 극장도 있으므로 현지에서 반드시 다시 한 번 체크한다.
- 티켓은 극장 매표소에서 직접 구입할 수 있다. 당일 티켓은 매진인 경우가 있으니 미리미리 사놓는 게 안전하다.
- 소극장은 주말에 각지에서 공연을 하는데 정보를 얻기 어렵다. ⓘ 관광안내소에서 검색을 부탁하는 것이 좋다.

전단지도 꼼꼼하게 확인!

그림책 보물찾기

Knihkupectví(서점), Antikvariát(중고 서점), 거리에서 이렇게 쓰인 간판을 발견하면 망설이지 말고 들어가 체코어를 몰라도 얼마든지 즐길 수 있는 사랑스러운 그림이 가득한 책, 마음에 쏙 드는 책을 찾아보자.

추천 신간 서점

1. Kanzelsberger (p.83) 우선 대형 서점부터!
   Václavské námesti 4, Praha 1   월~일 9:00~20:00
2. Knihkupectví Letná
   Veverkova 16/1407, Praha 7   Ⓜ︎ⒸVltavská에서 5분
   체코 사람들에게 인기 있는 서점. 안쪽의 그림책 코너에서 천천히 고르자.
3. 검은 성모의 집 1층 서점(p.83)
   가이드북이나 지도, 우편엽서도 갖추고 있다.

추천 중고 서점

4. Josef Černý Antikvariát
   Újezd 13, Praha 5
5. U Pražského Jezulátká
   Karmelitská 16, Praha 1
   오래된 성냥 라벨(p.46)을 발견!
6. Antikvariát Bělehradská(p.63)

☆ pp.35~38 의 그림책 설명 뒤에 달린 번호는 구입한 서점

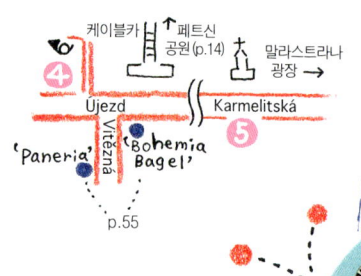

신간 서점

체코 어린이들은 이렇게 예쁜 그림책에 둘러싸여 있어서 행복하겠다. 출입구 가까운 곳에 그림책을 탑처럼 쌓아 놓거나 눈에 잘 띄는 위치에 그림책 코너를 둔 서점이 많다.
오래전 그림책도 여전히 인기가 있으며, 최근에는 사실적인 그림이 트렌드인 것 같다.

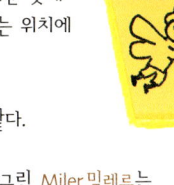

이 책의 그림을 그린 Miler 밀레르는 '체코의 미키마우스'라는 별명을 가진 두더지 크르테크로 유명하다.
『Kubula a Kuba Kubikula』
(2001년판)
그림 Zdeněk Miler
글 Vladislav Vančura
145kč ❶

『Povídejme si, děti 얘들아, 이야기하자』(1995년판)
글·그림 Josef Čapek 69kč ❷
장난치는 건강한 어린아이의 모습이 재미있게 그려진 요세프 차페크의 이야기책.
어린이들이 장난감처럼 다루어도 망가지지 않도록 단단한 소재로 만든 그림책이 많다.

그림책의 그림을 이용한 여러 가지 상품이 있다. 선물로 좋을 듯!

『Zvířátka Jedou 동물들이 가요』
그림 Josef Lada 글 Josef Brukner
10kč ❸

색칠하기
그림책이 그대로 색칠하기 책으로!
한쪽 페이지에는 완성 그림이 실려 있다.

캘린더
체코 사람들은 캘린더를 좋아하나 보다.
겨울이 시작되면 벽이 온통 캘린더 코너가 될 정도다.

요세프 라다가 시골 생활의 열두 달을 그린 캘린더
우연히 지나치던 서점에서 발견
33×48cm의 빅 사이즈
150kč

❸에는 그림책이나 애니메이션 캐릭터의 우편엽서도 종류가 다양

35

중고 서점

많은 그림책 속에서 마음에 쏙 드는 책을 찾아냈을 때는 보석이라도 찾아낸 기분! 중고 서점 순례는 이번 여행에서 중요한 이벤트가 되었다. 체코에서는 젊은 사람도 할아버지도 중고 서점을 즐겨 찾는 모양이다. 심각한 얼굴로 그림책을 뒤지는 어른은 우리뿐이었지만….

중고 서점에서 만난 나의 그림책들

부드러운 파스텔 컬러가 신비한 분위기를
자아내는 오타 야네체크의 그림책
버찌 왕국의 공주님과 강아지,
튤립이 나오는 이야기다.
『Princezna z Třešňového Království
트르제센 왕국에서 온 공주님』(1975판)
그림 Ota Janeček
글 Markéta Zinnerová
30kč ❻

체코 애니메이션의 거장 이지 트른카의 그림책
커버를 벗기자 헝겊으로 된 속표지에 달팽이 가
프린트되어 있을 만큼 정성껏 만들어져 있다.

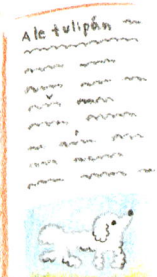

『Zvířátka a Lidé 동물과 사람들』
(1971년판)
그림 Jiří Trnka
글 K. V. Rais 60kč ❻

이야기 하나하나에 따스한 시선이 느껴지는 그림
첫 페이지에 이름과 24, 12, 1977이라는
날짜가 쓰여 있었다. 누군가가 선물했던 책인가 보다.

선배와 내가 같은 서가에서
동시에 찾아낸 책

36

외국 여행을 할 때면 반드시 어린이 영어책인 ABC북을 산다.
세계 명작에서 단어를 뽑아 알파벳순으로 만든 ABC북을 보면
나라마다 나열된 단어가 달라 단어뿐 아니라
그 나라의 문화와 풍습도 알 수 있어 재미있다. 무거운 게 흠이지만….
체코 ABC북의 L에는 인형극 극장을 뜻하는
Loutokové divadlo가 있었다.

『Obrázková knížka 그림책』(1986년판)
그림 Helena Rokytová
글 Bohumil Říha 80kč ④
이 책의 지은이 보후밀 지하가 글을 쓴 그림책이 많았다.

그리고 체코다운 분위기를 느끼게 해준 연!
광장에는 연날리기를 하는 사람들이 있었고 연의 캐릭터 상품들을 볼 수 있었다.

A~Z의 알파벳으로 시작되는
요세프 라다의 그림책.
Ř의 페이지에는 걸어 다니는
신기한 채소들이! 못 말리게
상상력 풍부한 사람들이군.

체코의 그림책에 있는
갓난아기는 모두
포대기에 묶여 있는
모습이다.
체코의 풍습일까?

『Moje abeceda 나의 알파벳』
(1987년판)
글·그림 Josef Lada 25kč ⑥

라다의 그림은
교과서에 삽화로도 실려 있어
체코 사람들에게는
국어와 역사 과목을
떠오르게 하는 그림이라고 한다.

37

좋아하는 책

커다란 초록색 눈을 보면 Helena Zmatlíková 헬레나 즈마틀리코바의 그림책인 것을 금방 알 수 있다. 앙증맞고 개성 있는 그림 때문에 내가 좋아하는 작가이자 체코를 대표하는 그림책 작가다.

헬레나 즈마틀리코바의 그림책들

『Děťátko 아기』(1985년판)
그림 Helena Zmatlíková
글 Josef Václav Sládek 25kč ❻

특유의 원근법에
파스텔 컬러가 더욱 매력적이다.
사이좋은 소녀와 고양이 이야기
쥐 모양을 한 여자 아이의 신

『Helenka a Princezna 헬렌카와 공주님』
(1977년판)
그림 Helena Zmatlíková
글 Eduard Petiška 40kč ❹
꽃에도 버섯에도 눈과 입이 있는 그림

『Honzíkova Cesta 혼지크의 여행』(2000년판)
 그림 Helena Zmatlíková
글 Bohumil Říha 115kč ❷

헬레나 즈마틀리코바
(Helena Zmatlikova, 1923~)
1948년 첫 번째 그림책 『엄지손가락』을 발표했고 현재까지 200여 권이 넘는 책을 출판했으며 판매 부수가 100만 권이 넘는 책도 여러 권 있다. 체코의 대표적 그림책 작가이며 세계 여러 나라에서 사랑받고 있다.

오늘은 서점의 서가에
어떤 그림책이
꽂혀 있을까? 언젠가
그림책을 찾으러
또다시 오고 싶다.

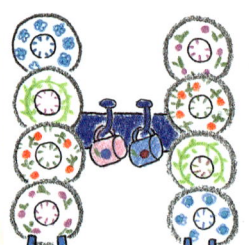

골동품과 중고품의 보물섬, 바자 스케치

시내를 다니다 보면 여기저기에서 Antik과 Bazar라고
쓰인 곳이 눈에 띈다. Antik는 골동품 전문점이고
Bazar는 중고품이라면 뭐든지 있는 만물상 같은 곳이다.
뜻하지 않은 진기한 물건과 만나는 우연을 기대한다면
바자로 가자!

선반에는 액세서리와 소품이,
안쪽에는 그림과 가구가 뒤죽박죽으로…
그 속에서 찾아낸 작은 나무 인형에
한눈에 반했다! 체코의 옛날 어린이들이 갖고 놀던 걸까?

40kč

어수선한 분위기의 바자는 들어갈 때
주저하게 되지만 일단 안에 들어가면
편하게 물건을 구경할 수 있다.

높이 5cm

R-ART M. Horákové 77, Praha 7

Letenské nám. - Veletržní — ● ①㉕ 등 — Ⓜ︎Ⓒ Vltavská →
레트나 공원(p.15) ← M. Harákové   ◆ 'R-ART' 산책하다 발견 서민적인 거리에 있다.

힌트

중고 카세트플레이어 등
전기 제품이 있는
가게 안 한구석에
있던 벽걸이
Ⓜ︎Flora 근처의
바자(p.68)

'체코 건가요?'
하고 물어도
가게의 아가씨는
고개만
갸웃거릴 뿐

25kč

여기에 열쇠를
걸 수 있다.

우편엽서나 광고 등
종이로 된 것이라면
무엇이든 산처럼
쌓여 있는 걸 보고
가슴이 두근두근!
오래전 광고에서
오려 낸 것인데
거친 종이에 인쇄된
일러스트가 귀엽다.

Poslyš, co ti radí...
Napřed voda, potom jídlo

20kč

호른과 우표

해외여행을 다니기 시작하면서 우표와 우편엽서에 관심을 갖게 되었다. 여행지에서 친구와 집에 도착할 나에게 편지를 써보자. 여행이 아니고서는 맛볼 수 없는 즐거움이다.

체코 우체국의 로고

프라하성 근처의 집에 달린 우편함

옛날에 편지를 배달할 때 호른을 불어 그 집에 온 편지가 있다는 걸 알렸던 데에서 유래되어 우체국 로고가 되었다.

거리를 걷다 보면 벽에 달린 우체통과 만날 수 있다.

우편물 수거차
우체국에서 우체국으로

Poštovní muzeum 우편 박물관

FDC(First Day Cover, 초일 봉투. 기념우표 발행 첫날 커버)의 기획 전시는 볼 만했다. 체코 우표나 오리지널 상품을 갖춘 숍도 재미있었다.

연필 10kč

p.42 Nové mlýny 2, Praha1 ☎ 222-312-006
9:00~12:00 13:00~17:00 월 휴관
www.cpost.cz

루페 55kč

바지런히 걸으며 우편함에 편지를 넣는 아주머니 배달부가 많다.
손때 묻은 가방이 멋져 보이는걸!

우체국과 우표 전문점에서 찾아냈다. 편지를 받은 사람의 마음을 따뜻하게 해줄 멋진 우표 수집의 일부를 소개한다.
다음 페이지로 ↗

DĚTEM 어린이날 기념우표

어린이날 기념우표에는 어린이들이 좋아하는
체코 그림책 작가의 일러스트가 쓰인다.
그림책 애호가에게는 도저히 그냥 넘어갈 수 없는 우표다.

8장 세트에
커버까지 있어
꼭 그림책 같다!
손이 달린
물고기와 시계…
체코다운
환상적인 그림

그림 A. Khunouá, 2000년

그림 Z. Miler, 2002년
컬러풀하고 귀여운 우표를
사용할 수 있는 체코가 부럽다~

우표의 구석에
DĚTEM이라고
쓰여 있어요.

그림 J. Paleček, 1995년

그림 K. Pacovská, 1994년

중앙우체국
p.83 Jindřišská 14, Praha1

 호른이 그려진 커다란 노란 깃발이 랜드마크인
아름답게 꾸며진 품격 있는 건물
기념우표 매장은 들어가서 오른쪽에

진열장 위를 손가락으로 가리키기만 해도
원하는 우표를 살 수 있으니
체코어를 모른다고 겁내지 말자.

Josef Lada가 그린
우편 배달부
그림이 있는 엽서

평일에는 우표 매장은 오후 5시까지

41

Filatelie 우표 전문점 순례

◆ 우표를 사는 방법 ◆

① 주인에게 원하는 우표가 어떤 것인지 설명한다.
② 주인이 골라낸 우표 파일을 천천히 넘기면서 본다.
③ 원하는 우표를 꺼내 달라고 한다.

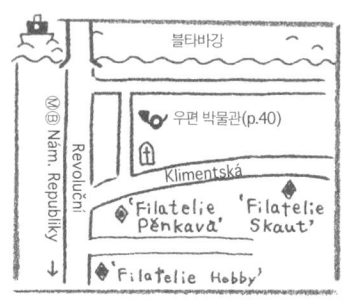

Filatelie Hobby

Revolučni 8, Praha 1 ☎ 296-785-460
www.filatelie-hobby.cz

위압적인 커다란 문을 열자, 무척 비싸 보이는
우표 파일이 진열되어 있어 살짝 긴장감이 감돌았다.
주인은 우리의 희망에 응하지 않으려고 해서
겨우 살 수 있었던 것은…

1997년 5kč

 체코의 부활절 기념우표

동물과 부활절 달걀의
사랑스러우면서도 거친 선이
좋은 분위기를 내고 있다.

2000년 7kč

Filatelie Pěnkava

Klimentská 2, Praha 1 ☎ 222-316-051
10:00~12:00, 13:00~17:00 토·일 휴점

봉투, 소인도 우표의 무늬마다
디자인이 다르다.
모두 공들여 제작되어 예술적!

체코의 FDC(초일 봉투) 발견!
그림이 다른 FDC가
25종이나 들어 있다.
하나하나 정성들인
완성도에 감동

1957년의 세트 90kč

Filatelie Skaut

Klimentská 34, Praha 1
10:00~12:00, 13:00~17:00 토·일 휴점

첫 번째 수확이 있었던 것은 바로 이곳
체코 이웃 나라들의 우표도 많고
그림책의 한 페이지 같은 우표도 발견했다.

영어가 통하지 않아 쩔쩔매고 있을 때
뒤에서 기다리던 젊은 남자가
도와주었다.
주인이 드물게 상냥했다.

 GERMANY

1972년 독일에서 발행한
청소년 복지 우표

새를 보호하는 어린이 1장 12kč

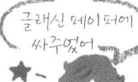 POLAND

폴란드 우표는 섬세한
터치의 수채화
글래신 페이퍼에
싸주었어

BULGARIA

불가리아의 동화 시리즈 우표
향수를 자아내는 그림

뒷이 맞지
않는 것도
나름대로 괜찮은데

검은색이
효과적으로
쓰이고 있는
「커다란 그루터기」

1장 15kč

「염소 일곱 마리」

음악이 흐르는 거리에서

모차르트가 사랑한 도시 프라하. 체코가 낳은 작곡가들을 기념하는 스메타나 홀과 드보르자크 홀이 있고, 역사를 자랑하는 체코필하모니가 있고, 국제 음악제 '프라하의 봄'이 열린다. 거리를 걷다 보면 비어홀에서는 흥겨운 노랫소리가 흘러나오고 곳곳에서 악사들을 만난다. 프라하에서는 지금도 음악이 흐르고 있겠지….

프라하에서는 매일 밤 콘서트나 오페라가 열린다. 거리에서 전단지를 보는 동안 클래식 음악과 인연이 먼 나도 점점 흥미가 생겼다. 티켓은 공연장 티켓 판매소 혹은 관광안내소에서 구입할 수 있다.

영어로 쓰여 있어 다행

오베르츠니 둠(시민회관) 앞에서는 오페라 의상을 입은 사람들이 티켓을 팔고 있었다.

✣ 천사가 춤추는 교회에서 콘서트

말라스트라나 광장의 성 미클라슈 교회에서 드보르자크의 음악을 들었다.
체코 여성의 맑은 노랫소리와 모차르트가 연주했었다는 하얀 바로크 오르간의 음색이 프레스코화가 그려진 둥근 천장에 울려 퍼졌다.
이 교회 앞에는 음악 아카데미가 있어 거리까지 악기 소리가 새어나온다.

일요일의 구시가지 여기저기에서는 음악이 흐른다.

화려한 의상도 오페라 감상의 재미

🎭 오페라에서 화려한 한때를…

모차르트가 「돈 조반니」를 초연했던 에스타테스 극장(p.83)에서 본 것은 당연히 「돈 조반니」!
음악은 물론 샹들리에나 발코니석의 금장식, 우아하면서도 화려한 내부 인테리어에 감동!

음악이 흘러 넘치는 도시 프라하의 중고 서점에서
찾아낸 1930~1940년대의 체코어 합창곡 악보!

「Panna Kateřina 카테르지나 아가씨」
1944년, 귀여운 폴카곡

「Miliony Hvězdiček
백만 개의 별」로맨틱한 탱고곡

「Až Půjdu ke Tvé Mámě
내가 당신 어머니에게 갈 때」(1943년)

「Co děláš v neděli?
일요일에 뭘 하지?」(1934년)
작사 Ruda Jurist
작곡 Mart Fryberg

가사는 이해하지 못하지만 멜로디나 표지 그림으로
어떤 곡일지 상상해 보는 것이 재미있다.
모두 처음 듣지만 아름다운 곡들이었다.
그중에서도 경쾌하게 불러 보고
싶어진 건 이 악보…

13.5×16.5cm의 컬러풀한 악보. 서점에서 알았을까?
중고 서점 Antikvariát Bělehradská (p.83) 1장 5kč

성냥갑 디자인의 작은 세계

소박한 민예풍 그림

예쁜 그림이 가득하다.
중고 서점에서 사모은 성냥
라벨은 보고 또 봐도
싫증나지 않는 보물이다.
1950~1960년대 체코슬로
바키아 시절에 만들어진
것이라고.

어린이가 그려진 라벨이 많다!

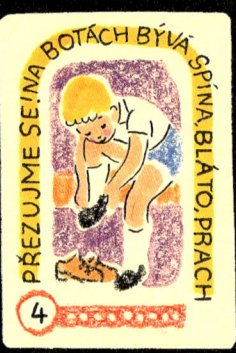

지금까지 소중하게 남겨져 있어 기쁘다.

Český filumenistický

'건강과 유익을 위해'라고 쓰여 있다.

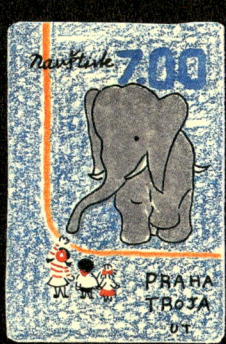

프라하 동물원의 라벨!

라벨에 쓰인 체코어를 찾아보자! 공사 중 그림에는 '건축'이라는 말이, 화분을 보고 꽃이라고 생각했더니 '아마'라는 말이 쓰여 있었다. 작은 공간이 예쁘게 디자인 되어 있다.

3.5×5cm 의 작은 세계

LEN = 아마

작은 상자 가득 낡은 종이를 발견했을 때는 두근두근. '성냥 라벨이에요?' 서점 점원에게 물어도 도무지 말이 통하지 않았다. 그래서 성냥을 켜는 제스처를 했더니 그제야 웃으며 고개를 끄덕였다. 1장 1kč에 샀다.

서가와 서가 사이에 앉아 있던 주인
U Pražského Jezulátká(p.34)

슈퍼마켓에서 발견한 것들

나에게 낯선 나라의 슈퍼마켓 과자 매장은 천국. 처음 보는 과자 때문에도 그렇지만 시간 가는 줄 모르고 포장에 그려진 그림을 구경할 수 있기 때문이다.

달콤하고 맛있는 슈퍼마켓의 과자

웨 하 스

체코에서 인기 있는 과자 맛과 모양이 다양해 이것저것에 자꾸 손이 간다!

6.9kč
카카오 크림이 든 것

달콤한 크림이 든 둥근 모양이 많다.

너트 크림이 든 과자

요 구 르 트

믹스프루트 맛, 딸기 맛, 초콜릿 맛 등이 잔뜩 있어서 망설여진다.

7.6kč

크리미하고 부드러운 맛

7.5kč

여행지에서는 언제나 그 나라의 요구르트를 맛본다.

포 테 이 토 칩

패키지에 요세프 라다의 그림이 짠맛, 마늘 맛... 맛에 따라 그림이 다르다.

아 이 스 바

모든 슈퍼마켓의 냉동고에는
에스키모들이 있다.
바닐라 아이스와
초콜릿 아이스인 줄 알고
두 개를 샀더니 둘이
똑같은 맛이었다.
둘 다 금세 먹었지만.

6.9kč

초 콜 릿

21.5kč
Orion 메이커의 포장은 인형 사진이
들어 있어 초콜릿답다.
약간 씁쓰름한 맛이 나면서 달콤해서 매일 먹었다.

미니초콜릿의
귀여운 포장은
또 하나의 추억,
소중하게 갖고 왔다.

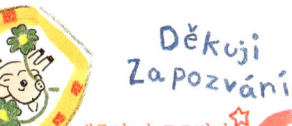

Děkuji
Za pozvání.
데쿠이 자 포즈바니
잘 먹었습니다.

쿠 키

아침 식사로 대신할 수 있는
포만감 있는 것도.
슬로바키아의 메이커
Sedita 의 쿠키는
모두 바삭바삭해서 권할 만하다.

프라하 사람처럼 먹고 마시기

슈퍼마켓에서 시간 보내기는 여행의 색다른 즐거움. 그 나라 사람들의 일상생활을 엿볼 수 있고 독특한 생활용품을 발견하는 재미도 만끽할 수 있다.

TESCO에서 장을 봐서 차린 식탁

오리지널 프루트주스 15.9kč
바삭바삭한 롤빵 조금,
야채볶음 조금 등을 사서
2인분 150kc 정도

- 마카로니 샐러드는 100g 16.6kč
- 체코산 햄치즈 윈너 소시지
- 향신료 냄새가 강한 야채 볶음

대형 슈퍼마켓 Tesco의 지하 매장에는 음식 재료라면 없는 게 없다. 원하는 만큼만 살 수 있는 샐러드나 햄 매장에는 저녁 장을 보는 사람들이 길게 늘어서 있다. 선배와 나는 호텔 방에서 먹으려고 몇 가지 음식을 테이크아웃. 체코 음식은 마늘이 들어가는 게 특징.

크리스마스 상품

체코 사람들에게 크리스마스는 매우 중요한 이벤트. 11월이 시작되면 선물용 과자와 장식품이 화려한 모습으로 상점들에 진열된다.

초콜릿 9.9kč

MATTONI 마토니

수돗물을 마실 수 없는 체코에서 미네랄워터는 여행의 필수품. 기후가 건조하여 가스가 든 미네랄워터 마토니를 자주 마셨다.

0.5ℓ 8.5kč

knedliky 크네들리키

만드는 법

체코 요리에 반드시 곁들이는 찐빵 크네들리키
① 가루에 우유 또는 물을 넣고 잘 반죽한다. ② 숙성시킨 다음 직경 5cm의 원통형으로 빚는다. ③ 끓는 물에 넣어 익으면 완성. ④ 약 1cm 두께로 잘라 생선이나 고기 요리에 곁들인다.

프라하에서 장보기

광고 전단지

광고 전단지 디자인에 주목! 상품 사진과 가격의 글씨가 무척 커서 인상적이다.

맥주, 맥주!!

슈퍼마켓의 주력 상품은 역시 맥주! 맥주 박스가 산을 이룬다.

한 병에 4kč 라니~ 과연 맥주 소비량 세계 1위 나라다. 미네랄워터보다 싸니 말이다.

◆ 계산대는 대혼잡!

무뚝뚝하고 무섭게 생긴 계산대 아줌마 때문에 긴장

아주 많은 사람이 줄지어 있었다.

10분 이상 기다리는 건 당연! 하지만 아무도 불평하지 않아요.

바구니도 카트도 손님에 비해 턱없이 부족해 계산대 앞에서 기다렸다가 재빨리 낚아채 가는 건 기본!

슈퍼마켓 안내

🏬 TESCO 테스코 p.83

Národní 26, Praha 1 월~금 8:00~21:00 토 9:00~20:00 일 10:00~20:00
식품 매장은 한 시간 일찍 폐장하므로 주의

매일 다녔다.

체인점
🏬 Julius Meinl · BILLA · DELVITA 등

대형 쇼핑센터

부티크나 서점, 패스트푸드점에 영화관까지 있는 복합 시설

🏬 Nový Smíchov 노비 스미호프 p.29

Plzeňská 8, Praha 5 9:00~21:00 연중무휴
3층의 셀프서비스 레스토랑에는 여러 나라의 음식이 있는데 특히 중국 음식이 맛있다.

🏬 Palác Flóra 팔라츠 플로라 p.68
Vinohradská 151, Praha 3 8:00~24:00 연중무휴
지하에 슈퍼마켓 알베르트와 약국이 있다.

카페에서 보내는 우아한 시간

아르누보의 향기가 감도는 프라하의 카페에서 보내는 시간은 특별하다. 잠시 발길을 멈추고 카페에서 여유로운 시간을 보내노라면 진짜 여행가가 된 기분이 든다.

Kavárna Obecní Dům
카바르나 오베츠니 둠

nám. Republiky 5, Praha 1 ☎ 222-0025-763
7:30~23:00

커다란 창에서 들어오는 햇살이 반짝반짝

프라하에서 가장 아름다운 건축물이라는 오베츠니 둠(시민회관) 1층에 무도회라도 열려야 할 것 같은 화려한 카페가 있다. 1912년 완성된 이 건물에는 유명한 스메타나 홀이 있다.

벽과 천장을 장식하고 있는 조각, 시계, 스테인드글라스… 당대 최고의 체코 미술인들이 꾸민 건물답게 어디를 보든 모두 아르누보 양식이다.

프라하의 아침, 근사한 브런치를
Rich Breakfast
소시지 + 삶은 달걀 + 샐러드 + 스프레드 치즈 122kč

향긋한 냄새가 솔솔 나는 빵

케이크를 얹고 테이블 사이를 오가는 웨건

그릇들에는 프라하의 문장이

Czech Breakfast
체코식 살라미 + 샐러드 + 에담 치즈 + 스프레드 치즈 170kč

A. Mucha 무하의 그림이 있는 메뉴

지하에 알폰소 무하 등 예술가가 꾸민 로맨틱한 분위기의 비어홀이

Café Paříž 카페 파지즈

U Obecního domu 1, Praha 1 ☎ 222-195-195
8:00~다음 날 2:00 www.hotel-pariz.cz

덩굴식물을 연상시키는
곡선이 그려진 아름다운 그릇들

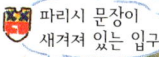 파리시 문장이
새겨져 있는 입구

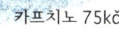 카프치노 75kč

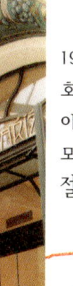

1904년 세워졌고 문화재로 지정된
호텔 파지즈(파리) 1층에 카페가 있다.
아르누보 양식의 조명과
모던한 인테리어가
절묘하게 공존하고 있다.

kavárna Imperial
카바르나 임페리얼

Na Poříčí 15 / 1072, Praha 1 ☎ 222-316-012
월~토 9:00~24:00 일 9:00~23:00

맥주 Gambrinus 감브리누스 13kč

카페에서도 체코답게
맥주파가 많다!

 커피에 잼이 듬뿍 든
도너츠가
같이 나온다.

천장, 벽,
기둥 할 것
없이 타일
모자이크화로
가득 채워진
독특한 공간

혼자 즐기는 식사

선배와 헤어져 프라하 시내를 다니며 여자 혼자 편하게 쉬면서 식사할 수 있는 레스토랑과 카페들을 발견했다. 낯선 곳에서 낯선 음악을 들으며 마시는 차 한 잔, 처음 맛보는 음식은 놓칠 수 없는 여행의 즐거움!

V krakovské 브 크라코프스케

p.83 Krakovská 20, Praha 1 ☎ 222-210-204
월~토 10:00~23:00 일 11:00~23:00

프라하에 도착하자마자 점심을 먹은 안락한 분위기의 체코 음식 레스토랑. 손님이 북적이면 음식이 맛있다는 증거.

할머니도 대낮부터 맥주를

일하는 사이에 맥주 한잔?

과연 맥주의 나라군! 작업복 차림의 아저씨들이 심심찮게 눈에 띄었다.

Vepřo 베프조 + Knedlo 크네들리키 + Zelo 젤로 99kč
베프조는 돼지고기 요리, 크네들리키는 찐빵,
젤로는 양배추절임. 세 가지는 늘 같이 나오는 세트
이번 여행에서 제일 맛있게 먹은 체코 음식

country life 컨트리 라이프

p.83 Melantrichova 15, Praha 1 ☎ 224-213-366
월~목 9:00~20:30 금 9:00~16:00 일 11:00~20:30 토 휴점

조릿대로 장식되어 있는 등 아시안풍 분위기가 물씬

발레레슨을 마치고 돌아가는 길인 듯한 미인 모녀

블루베리 두유 20kč

자연식품 전문점 안쪽에 있는 이 채식 레스토랑은 건강에 관심 있는 프라하 사람들에게 인기
혼자 온 사람도 많았다.
여행 중에 빠지기 쉬운 채소 부족을 만회!

해초와 보리 샐러드

맛 좋은 감자 고기로 보이지만 실은 채소 햄버그

토마토를 끓인 것

트레이에 원하는 음식을 담는 셀프 서비스. 양으로 계산하는데 100g 19.9kč. 나는 약간 적게 담아 90kč

CAFÉ **LOUVRE** 카페 르브르

p.83 Národní 22, Praha 1 ☎ 224-930-949
월~금 8:00~23:30 토~일 9:00~23:30
www.cafelouvre.cz

분홍색 벽이 고상한 멋을 풍기는 카페로 여자 혼자 앉은 손님이
여기저기 있어 마음이 편했다. 프란츠 카프카, 아인슈타인, 카를 차페크 등이
즐겨 찾던 이곳은 1929년에 문을 열었다.

서비스가 좋다.

안쪽은 당구장

크네들리키 169kč

세련된 분위기에 어울리게 와인을 주문
체코는 맛있는 와인의 산지로도 유명
레드와인에 소다수를 탄 음료는 28kč
과일 맛이 나면서 마시기 좋다.

Grand café Slavia 그랜드 카페 슬라비아

p.83 Národni 1, Praha 1 ☎ 224-218-493
8:00~23:00

프라하다운 운치를 음미할 수 있는 오래된 카페에서
블타바강을 바라보면서 식사하는 맛이 특별하다.

간편하고 맛있는 간단한 식사

Paneria 파네리아

Vítězná(p.34), Bělehradská(p.62) 외 프라하 시내에
분점이 14개 있다. www.paneria.cz

햄과 치즈 등 원하는 내용물을
넣어 즉석에서 구워 주는
파니니 60kč가 살살 녹는다.
주스 23kč,
케이크와 타르트도 있다.

25kč

BOHEMIA BAGEL 보헤미아 베이글

Újezd(p.34), ★Masná(p.83) 외
★는 월~금 7:00~24:00(토~일 8:00~) 무휴
www.bohemiabagel.cz

베이글에 달걀, 치즈 등 취향대로 주문할 수 있고
수프, 샐러드도 있다. 베이글은 쫀득쫀득해서
맛있다. 인터넷 공간도
마련되어 있다.
베이글 샌드위치
65~85kč

발길을 붙드는 노천 시장에서

구시가지의 하벨스카 거리에 매일 아침장이 선다. 초록색 천막 아래 옹기종기 모여 있는 가게들을 기웃거리는 재미가 쏠쏠하고 여행에 지쳤다면 활기를 되찾을 수도 있다.

p.83 Havelské Tržiště 하벨스카 시장

과일과 채소, 장난감, 마리오네트, 맥주잔 …
없는 게 없다. 나는 호텔 방에 꽂을 장미 한 다발과 기념품을 샀다.

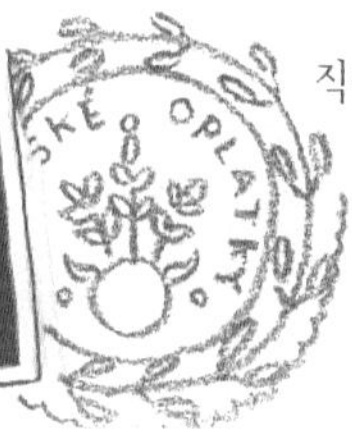

직경이 18센티나 되는
달콤한 와플

체코 사람들은 유난히
장미를 좋아한다고

구시가지를 걷다 장난감, 수공예품, 과일 따위를 파는
재래 시장과 만났다. 12월에는 모든 사람이 설레는 마음으로
기다리는 크리스마스 시장이 선다고 한다.
재래 시장을 구경하다 보면 체코 사람들의 일상생활을
조금은 알 것 같다.
시내에서 약간 벗어난 지역 있는 시장에서는 서민적인 냄새가
물씬 풍긴다. 나 같은 외국인이 들어가려니 어쩐지
어색했지만 호기심에 살짝 엿보았다.
천, 옷, 잡동사니를 파는 가게들이 즐비했다.
Ⓜ Ⓐ Hradčanská 흐라트찬스카역 앞

노점에서 맛보는 체코식 패스트푸드

Lázeňské oplatky 라젠스케 오플라트키
오플라트키는 와플이라는 말
온천지 카를로비바리의 유명한 스파와플을
파는 노점을 첼레트나 거리에서 발견했다!

크림을 끼운
크고 얇은 와플
갓 구운 와플이
입안에서 녹는다

Párek v rohlíku 파레크 프 로흘리쿠
로흘리쿠는 빵 안에 소시지를 넣은 핫도그
이렇게 생긴 토스터에
구멍을 낸 빵을 끼워 굽는다.
빵의 구멍에 위너 소시지를 넣고
케첩이나 머스터드를 채워 줘
손이 지저분해지지 않는다.

Chlebíčky 흘레비츠키
흘레비츠키는 작은 오픈 샌드위치
부드러운 바게트 빵에
달걀, 토마토 등을 얹은
체코식 샌드위치
핀카스 시나고그 앞에 있는
맛있는 빵집에서

눈길과 마음을 빼앗긴 물건들

거리 곳곳에서 따스함과 사랑스러움을 느낄 수 있는 앙증맞은 소품들을 만난다.

Jiří Trnka HRAČKY
이지 트른카 하라츠키

p.83 Ostrovní 21, Praha 1 ☎ 224-930-858
월~금 10:00~19:00 토 11:00~17:00 일 휴점

산책 중에 발견한 장난감 가게
컬러풀하고 깜찍한 장난감들로 넘쳐
보기만 해도 행복해진다.
프라하에 있는 동안 무려 다섯 번이나 갔었다.

삼각인형 포푸리

바닥에 놓인 바구니 속에 희한하게 생긴
삼각형 인형이 있었는데 알고 보니
라벤더 향기가 나는 포푸리였다.
한눈에 반한 이번 여행 최고의 보물

50kč

손바닥만한 크기에
　향긋한 냄새가 난다.
눈은 비즈로 되어 있고 하나하나 표정이 다르다.

천장에 매달린 헝겊 장난감은
체코 소녀들이 좋아하는
소품 아티스트들의 수공예품
태그에 아티스트의 이름이 쓰여 있다.
'체코는 태양 캐릭터의 물건이 많군.
구름과 별은 침대에 걸어야겠어.'

60kč

못난이 손인형

300kč

헝겊 그림책
솜을 넣은 아플리케로 만들었다.

선물로 모두
여섯 마리 샀다.

상냥한
가게의 주인 할머니
'어머나, 이렇게 많이?' 하는
표정으로 쳐다보았다

헝겊 쥐
바늘꽂이로 쓰면
좋겠는데.

95kč

이지 트른카(Jiří Trnka, 1912~1969)
'동쪽의 월트 디즈니', '체코 애니메이션의 대부'라고 불리는 애니메이션의 거장. 스페이블 & 후르비네크 극장을 세운 스쿠파 밑에서 인형극을 배운 후 디자이너, 삽화가 등으로 활동했다.

프라하에서 만난 소품들

흔들흔들하는 마리오네트,
쇼윈도를 생기 있게 꾸며 주는 장식품들에 이끌려
상점에 들어가면 모두 다 집에 데려가고 싶어진다.

구시가지의 상점에는 낡은 나무문이

유리

호두 껍데기

나무 크르테크 기관차
239kč

Small Shop 스몰 숍(p.61)이나
내추럴한 분위기가 눈길을 끄는
Manufaktura 마누파크투라(p.83) 등
소품점과 기념품점에서
스테인드글라스 인형이나
동물 모양의 나무 수공품 같은
체코의 소박한 민예품을
쉽게 볼 수 있다.

기념품점이나 노천 시장,
장난감 백화점 Sparkys 스파르키스(p.83)에 가면
나무 장난감이 기다리고 있다.
체코의 메이커 Detoa 데토아의
장난감은 색과 모양이
깜찍하다.

체코에
전해 내려오는
악마 첼트 인형

나무 수공품

그림이 그려져 있는 달걀

문구점도 신기한 물건을
만날 수 있는 재미있는 곳!
세련된 노트가 많아져
복고풍 그림이 있는 노트는
좀처럼 찾기 어려웠지만…

이번 여행 동안
일기장으로 쓴
얇은 노트

거친 감촉의 오래전 노트, 안은 갱지

슈베이크

Small Shop
스몰 숍

p.83 Jilská 거리, Praha 1
sv.Jiljí 교회 앞

구시가지에 있는 수많은
상점 중에서 귀여운 물건들이
가장 많이 있다.
초록색 문을 찾으면 된다.

민속 의상을 입은 손바닥 크기의 인형들과 슈베이크 인형
손으로 그린 작은 눈, 옷, 머리카락, 모두 손으로 정성껏 만든 수제품
정말 작고 긴 가게 안에 마리오네트와 수공예품들이 그득!

ART DEKOR
아트 데코

p.83 Ovocný trh 12, Praha 1 ☎ 221-637-178

은행나뭇잎이나 줄무늬가 들어간
코끼리, 말, 토끼가 있는 소품 전문점
알록달록한 헝겊으로 만든 인형,
인테리어 용품, 어린이 옷…
다양한 상품을 갖추고 있다.

그중에서도
토끼 벽걸이에는
자그마한
에피소드가…

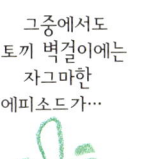

주머니

친구가 3년 전에 이곳에서
토끼 벽걸이를 샀는데 토끼의 주머니에
넣는 홍당무를 팔고 있었다며
사다 달라고
부탁했다.

여행 전

사는 걸
깜빡했어.

가게에서

토끼는 있지만 홍당무는
발견하지 못하고

이 토끼의
홍당무를
주세요.

토끼의
홍당무는
없습니다.

No…(웃음)

결국 홍당무는 사지 못했다.

61

매혹적인 쇼핑 거리

호텔에서 지하철역으로 가던 길에 발견하고는 너무 반가웠던 벨레흐라드스카 거리. 관광객은 보이지 않지만 발길을 멈추게 하는 매혹적인 상점들이 불쑥불쑥 나타나 즐겁다.

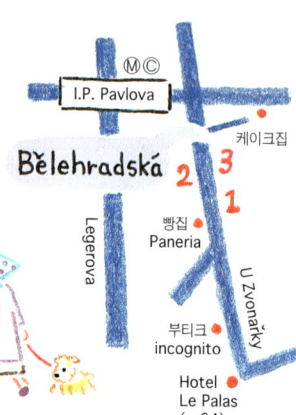

멋진 물건을 만날 수 있을까?
여행지에서의 상점 순례는 보물찾기 같다.

물건을 담아 주는
스트라이프 비닐 쇼핑백

어느 것을 살까? 물건을 고르느라
고민하는 것 또한 여행의 즐거움이다.

갖가지 모양의
데코레이션 쿠키

Cukrárna Nicol
쿠크라르나 니콜

깜찍한 케이크와 아이스크림이 있는
예쁜 복고풍 가게
안쪽의 카페에서는 단골손님 같아 보이는
아저씨들이 한가롭게 이야기를 나누고 있다.

계피향이
유혹하지만
아까워서
먹을 수가 없다.

크리스마스 장식으로 쓰거나
선물하면 좋겠다.

12kč

2
Second Hand
세컨드 핸드
Bělehradská 73, Praha 2

전부 타설

의류가 주를 이루는 물건들
가운데 앙증맞게 있는
꽃무늬 타일

곳곳에서 보는 쓰레기 수거함
어딘가 유머러스한
구석이 있다.

50kč

산책하는 강아지가
많이 보인다. 애견가가 많은걸

북 헌팅 중인 선배에게는
다가갈 수 없다!!

집중

3
Antikvariát Bělehradská
안티크바리아트 벨레흐라드스카

Bělehradská 96, Praha 2 ☎ 222-521-043
월~금 9:00~18:30 토 9:00~13:00 일 휴점
www.antikvariaty.cz

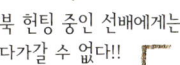
Loutky pokaždé jinak

손인형과 마리오네트 만드는 법

동판화 장서표
3kč

대형 중고 서점
그림책 서가는 반드시
봐야 하지만
손으로 뜬 니트 표지,
옛날 악보(p.45), 장서표 등
진귀한 물건을 발견!

화가의 저택에서 하룻밤을

1841년에 세워졌고 보헤미안 화가 루데크 마롤드가 세상을 떠나던 해인 1898년까지 살았다는 저택을 호텔로 개축한 곳. 꿈에 그리던 별 다섯 개 ★★★★★ 짜리 호텔 르 팔레! 조용한 주택가의 고지대에 자리 잡고 우아한 자태를 뽐내고 있다.

Belle Époque à Prague

조용한 주택가의 우아한 건물

LE PALAIS ★★★★★

직원들이 웃는 얼굴과 세심한 서비스로 맞아 준다.

화가가 살던 시절부터 있던 모자이크 타일 바닥

반들반들 윤기 나는 역시 오래된 낡은 벽난로

호텔의 직원이 스트라호프 수도원 부근의 산책을 추천

산책하기 좋은 곳은?

벽난로가 있는 이 서재는 프라하에서 유일하게 24시간 오픈하는 카페 바여서 숙박객이 아닌 사람도 자주 찾는다고.

은은한 색이 아름다운 프레스코화
섬세한 디자인의 인테리어
어딘가 여성스러운 장식이 여기저기에…

뷔페 스타일의 아침 식사는
크리스털 샹들리에가
빛나는 식당의 화려하고
행복한 식탁에서
체코의 명물인 햄과 샐러드, 향기로운 갓 구운 크루아상 등등
모두 정말 맛있다!

지하에는 헬스 클럽이 있다.
자쿠지에 몸을 담그고
아로마 향이 나는 샤워를 하고 나면
여행의 피로가 말끔하게
가신다. 방에는
대리석 욕실이.

천장이 높고 따스한 색으로 꾸며져
마음이 평온해지는 방
고도 프라하에 어울리는
유서 깊은 저택에서의 하룻밤은
멋진 여행의 기념이 되었다.

Hotel Le Palais 호텔 르 팔레
p.62 U Zvonařky 1, Praha 2
☎ 234-634-632 Fax. 234-634-111
www.palaishotel.cz
싱글룸 295~335유로 더블룸 320~370유로

프라하에서는 어디서 잘까?

프라하에는 고색창연한 건물의 호텔, 집에 돌아온 듯 쉴 수 있는 아파트식 숙소, 간단한 부엌 시설을 갖춘 방이 있는 펜션이 있다. 여행에서 하룻밤을 묶었던 공간에 대한 추억은 여행지 못잖게 중요하니 신중을 기하자! 나의 숙소 선택 조건은 첫째 분위기, 둘째 편리한 입지, 셋째 저렴한 가격.

Betlem Club
베틀렘 클럽

구시가지에 있는 이곳은 오래전에 한 부자가 딸의 결혼 선물로 지은 건물이다. 맨 꼭대기에 있는 다락방은 싱글룸보다 싸고 분위기 있다. 혼자 묵기에 안성맞춤!

교회의 종소리가 들려오고 작은 창으로 탑들이 보이는 경치가 마음에 든다.

천장이 낮고 소박하지만 어쩐지 쓸쓸하던 방이 하벨스카 시장에서 산 장미와 바자에서 산 인형으로 꾸몄더니 한결 밝아졌다.

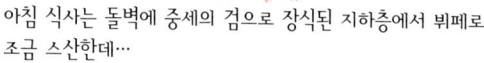

아침 식사는 돌벽에 중세의 검으로 장식된 지하층에서 뷔페로 조금 스산한데…
카를교에서 5분, 눈앞에는 베틀레헴 교회 시장과 앤틱 상점도 가까이에 있는 매력적인 위치에 있어 프라하다움을 만끽할 수 있다.

Hotel Betlem Club
p.83 Betlémské náměstí 9/ 257, Praha 1
☎ 222-221-574 Fax.222-220-580
🛏 (조식 포함) 다락방 1,600~2,050kč 싱글룸 2,500~3,000kč
더블룸 3,300~4,500kč 아파트 3,700~5,100kč
www.betlemclub.cz

Penzion Alice
펜션 알리체

깨끗하고 설비가 잘 갖춰진 현대식 펜션
다른 도시로 여행을 하기 전후에 묵었는데
트렁크를 맡길 수 있는 데다
버스터미널이 가까워서 아주 편리했다.

스몰 아파트

깔끔한 부엌이 있어 집에서 지내는 기분을
맛볼 수 있다. 샤워룸, 부엌 안쪽에는 소파룸,
그 안쪽에 침실, 이렇게 세 공간이 있는
좁고 긴 방. 부엌에는 간단한 조리기구가
있어 편리하다.
거리에 면해 있어 밤에
트램 소리가 울리는 것이 옥에 티

더블룸

꼭대기 층에서 또다시 작은 계단을 올라가야
하는 다락방. 천장이 지붕 모양 그대로여서
오두막 같다.
방마다 인테리어가 다르다.

슈퍼에서 산
소시지

근처의 바에서 맥주를 사면
체코 사람이 된 기분!

Pension Penzion Alice
Sokolovská 30, Praha 8 ☎·Fax. 222-310-469
ⓐ 스몰 아파트 2,050kč~ 빅 아파트 2,700kč~
일반룸 1,650kč~
www.penzion-alice.cz

공항에서 가는 길 공항버스로 nám.Republiky 공화국
광장에서 ⓜⒷ 혹은 ⓣ⑧㉔번으로 환승하여 Florenc
플로렌츠 하차 후 도보로 5분

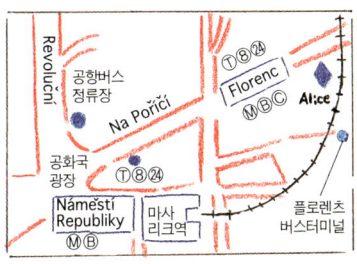

민박 기리부치

바자에서 사 모았다는
낡고 멋진 가구가 놓인 쾌적한 방
프라하에 살지 않고는 알 수 없는
상세한 정보를 얻기도 하고
명랑한 딸들과 수다를 떨고
같이 외출하기도…

아침의 어린이 프로그램으로는
애니메이션이 인기 있는 체코답게
인형 애니메이션을 방송하고 있었다.
그 밖에 편안한 음악과 영상이 함께 나오는
일기 예보도 보았다.

따스하고 넉넉한 아침 식사
아침 식사는 방에서 텔레비전을 보면서

햄과 살라미

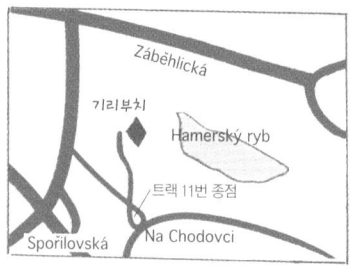

민박 기리부치

Zarybnicna 2332/41, Praha 4 ☎·Fax. 222-715-302
http://minshukukiribuchi.web.fc2.com/
🛁 (욕실 공동) 싱글룸 1,200kč
트윈룸 1명 이용 1,000kč 2명 이용 1,800kč
공항에서 가는 법 119번 버스를 타고 종점 Dejvická데이비츠카에서 하차(p.69), ⓜⒶ로 환승하여 Muzeum무제움역에서 하차. 지상으로 나와 트램 Muzeum정거장에서 트램 11번을 타고 종점 Spořilov스보지로프에서 하차.

호텔을 예약하자

체코의 호텔들은 1년을 오프 시즌, 미들 시즌, 하이 시즌으로 나누어 각각 다른 요금을 받는다. 4~6월, 8~10월, 그리고 부활절과 크리스마스 시즌이 하이 시즌이므로 휴가철에 여행하려면 일찌감치 예약해 두자.
• 프라하 호텔 예약 사이트(p.122 참고)
  www.hotelsprague.cz / www.cesky-hotel.cz / www.bed.cz

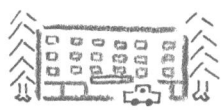

welcome Hostel-Dejvice
웰컴 호스텔 데이비체

Zikova 13, Praha 6 ☎ 224-320-202 Fax.224-323-489
🛏 (욕실·화장실 무, 조식 불포함) 싱글룸 500kč
더블룸 700kč

첫 번째 여행에서 머물렀던 학생 기숙사를 이용한 유스 호스텔
싱글룸이나 더블룸이므로
프라이버시를 지킬 수 있어 안심된다.
전 세계의 배낭 여행족을 만날 수 있다.

📖 프라하의 학생은 이런 곳에서 생활
하는구나.
견학하는 기분

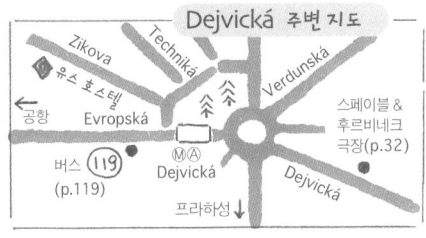

책상과 침대만 있는
심플한 방

♥ 호텔에서 발견했다 ♥

디자인이
멋지다!

호텔 방에 들어서면 나도 모르게 테이블에
놓여 있는 티백과 설탕에 먼저 눈길이 간다.
또 아침 식탁에 놓여 있는 버터나 꿀, 잼은
맛있게 먹은 다음 깨끗이 닦아서 들고
일어선다. 이런 사소한 것의 디자인에도
나라마다 다른 개성이 있기 때문에
기념으로 모아 둔다.
체코에서는 아기자기한 디자인의 포장과
만날 수 있어 즐거웠다.

설탕

펜션 알지체에서

거친 감촉의 티백 봉투

체코의 꿀은
정말 맛있다!

잼 메이커의 로고

베틀렘 클럽에서의 수확!

발길을 좀 더 옮겨 보자

여유가 있다면 프라하 중심가를 벗어나 보자. 프라하에는 고딕, 바로크, 아르누보 등 다양한 양식의 건축물들이 있고 중세 유럽이 아직도 숨 쉬고 있는 듯하다. 로맨틱하고 개성 넘치는 산책 코스!

Vyšehrad 비셰흐라드

V Pevnosti 159/5B, Praha 2　Ⓜ︎Ⓒ 비셰흐라드역

프라하 사람들이 즐겨 찾는 아름다운 정원에서 블타바강을 바라보자. 나의 목적지는 지금은 사라진 비셰흐라드성이 있던 곳에 있는 비셰흐라드 공동묘지 이곳은 내가 좋아하는 차페크 형제, 스메타나, 드보르자크 등 체코의 예술가들이 잠들어 있어 체코 사람들에게는 소중한 장소다.

형 요세프 차페크가 디자인한 아름다운 카렐 차페크의 묘. 책 모양의 비석 앞에는 많은 꽃과 편지가 놓여 있었다.

✩ 체코의 많은 예술가들이 잠들어 있는 곳 ✩

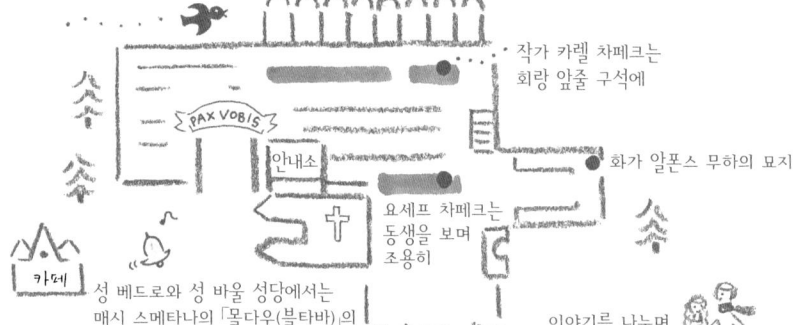

작가 카렐 차페크는 회랑 앞줄 구석에

화가 알폰스 무하의 묘지

요세프 차페크는 동생을 보며 조용히

성 베드로와 성 바울 성당에서는 매시 스메타나의 「몰다우(블타바)」의 멜로디를 띤 종소리가 울려 퍼진다.

이야기를 나누며 산책하는 사람들이 드문드문

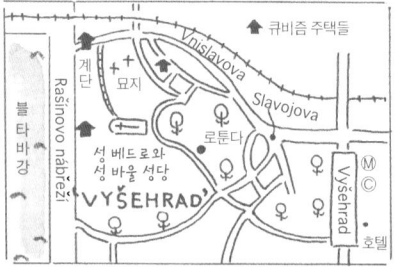

그 밖에도 프라하에서 가장 오래된 로마네스크 양식 건물인 성 마르틴 교회의 로툰다(원형 홀 공간)나 큐비즘 양식의 주택 등 흥미로운 볼거리가…

Televizní vysílač
프라하 TV탑

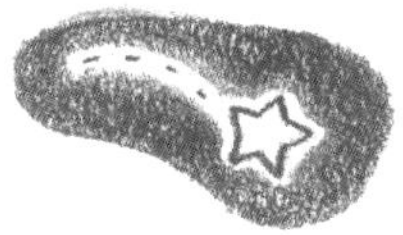

✱ p.15 Mahlerovy sady 1, Praha 3
☎ 242-418-778 10:00~23:30 www.tower.cz

엘리베이터를 타고 지상 93미터의
전망실로. 프라하성과 교회, 탑들이
마치 장난감처럼 보인다.
밤에는 조명을 받고 모습을 드러내는
구시가지가 매혹적이다.

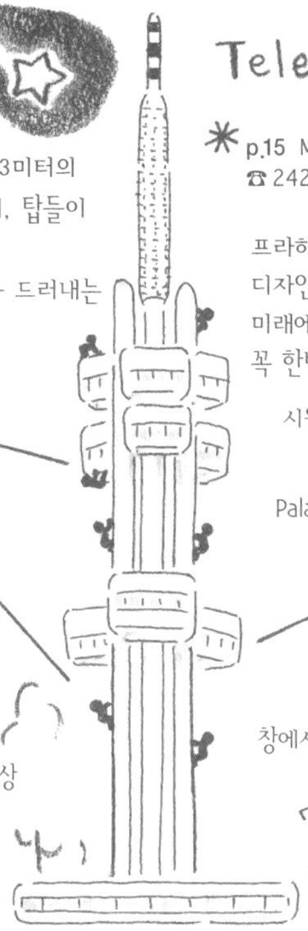

프라하에서 가장 놀란 것은 이 TV탑의
디자인. 마치 정체 불명의 로켓이
미래에서 이 중세 도시를 찾아온 듯.
꼭 한번 보자.

시원한 공간의 전망 카페

체코식 크레이프
Palačinky 팔라친키를 주문 달콤한
크림이 듬뿍! 복숭아 티

80kč

가까이 가서 보고는 깜짝!
TV탑을 기어오르는
갓난아기 오브제들이
어쩐지 섬뜩한
느낌마저 준다.
게다가 거대했다!

와 무섭다~
밤에 TV을
보았을 때의 첫인상

창에서 바라보는 풍경 속에는
언제나 이 오브제가
있었다.

1992년 완성된
높이 216미터의 금속 탑

Kostel Nejsvětějšího Srdce páně 성심 교회

탑에서 가장 가까운
Jiřího Z Poděbrad 역 부근에 있는
성심 교회는 개성 넘치는 건축물
이처럼 프라하 거리 곳곳에서는
기발한 건물과 마주친다.

이 부근에는
바자가 많다.

서커스에서 보내는 따스한 시간

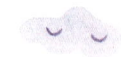

토요일 저녁나절 공원을 찾았다. 서커스가 벌어지는 텐트 안에 어른 아이 할 것 없이 많은 사람이 모여 웃는 얼굴로 서커스를 기다리고 있었다. 프라하의 평화로운 휴일 풍경이 거기에 있었다.

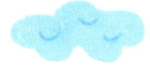

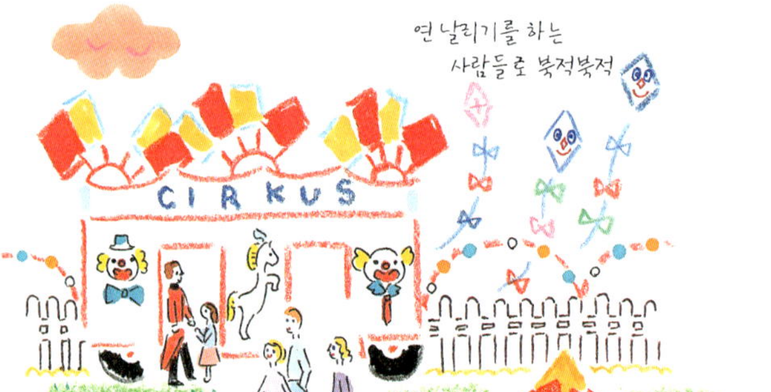
연 날리기를 하는
사람들로 북적북적
CIRKUS

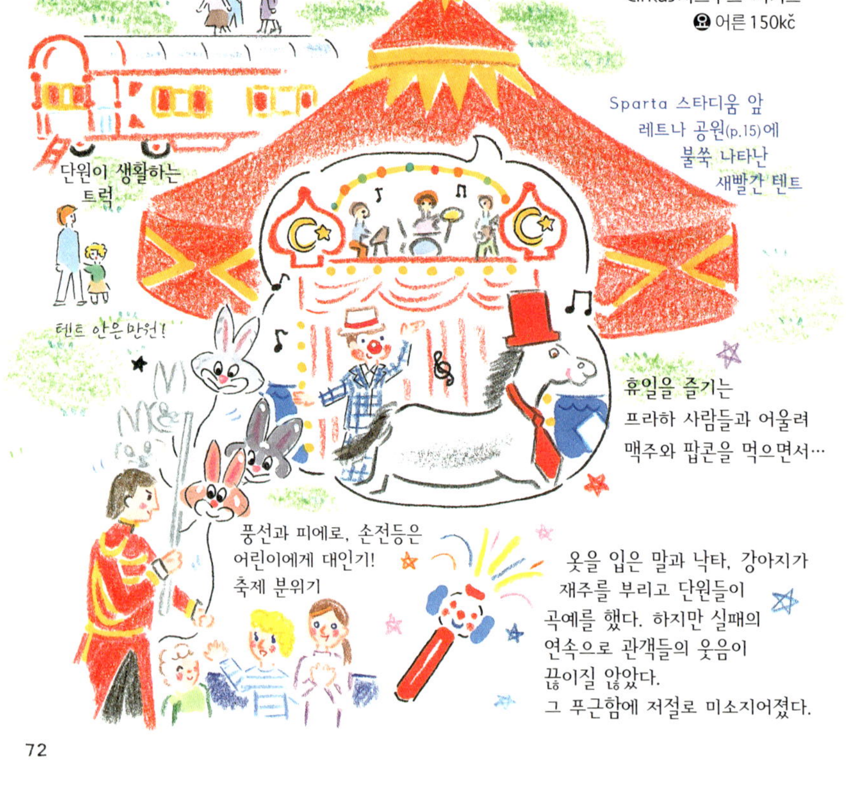
단원이 생활하는
트럭
텐트 안은 만원!
Sparta 스타디움 앞
레트나 공원(p.15)에
불쑥 나타난
새빨간 텐트
휴일을 즐기는
프라하 사람들과 어울려
맥주와 팝콘을 먹으면서…
풍선과 피에로, 손전등은
어린이에게 대인기!
축제 분위기
옷을 입은 말과 낙타, 강아지가
재주를 부리고 단원들이
곡예를 했다. 하지만 실패의
연속으로 관객들의 웃음이
끊이질 않았다.
그 푸근함에 저절로 미소지어졌다.

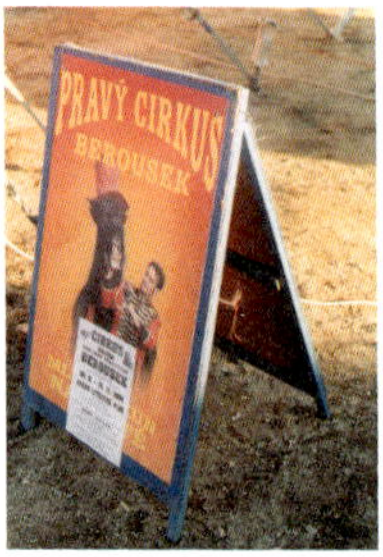
PRAVÝ CIRKUS

Cirkus 치르쿠스=서커스

요 어른 150kč

🇨🇿 프라하 거리를 달리는 슈코다 스케치

차에는 전혀 흥미가 없었는데 무심코 멈춰 서서
쳐다보게 되는 차가 많다.
체코에서 태어난 ŠKODA 슈코다 등
향수 어린 디자인의 앙증맞은 차들!

슈코다 마크

장난감 차 같다!
차 안을 들여다보니
바구니에 사과가 가득 담겨 있다.

시골에서 지내다 돌아가는 걸까?

보닛이 찌그러진 차가
심심찮게 있다.

오랫동안 애용하고
있다는 증거일까?

누덕누덕 기운 차, 하지만
갈색 그러데이션이 멋지다!

시트 커버는
복고풍 꽃무늬였다.

고도 프라하 거리에
잘 어울린다.

블타바강의 유람선 여행

소풍 가는 기분으로 나가자! 화창한 날 천천히 시간을 보내며
하루를 보내고 싶다면 유람선을 타는 것도 좋다.

블타바강의 거대한 물결에 흔들리며 프라하 북쪽의 트로야로.
한 시간 반에 걸친 평화로운 유람선 여행이었다.
카를교를 빠져나가기도 하고
프라하성을 바라보며
구시가지를 중심으로 하는
세계유산의 거리를 강에서
올려다보니 황홀했다.

보헤미아의 강이여 몰다우야…
「몰다우」가 머릿속에서 맴돈다.

…백조들

유람선에는 휴일을 즐기는, 가족, 히피풍 부자,
그룹 데이트를 하는 학생 등…

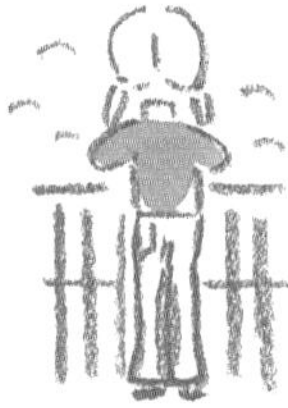

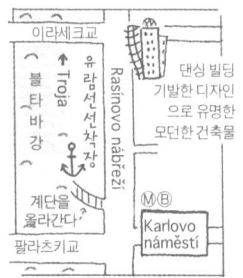

도중에 선원들이 수문을 여는
모습이 신기했다. 20분이 지나자
수위가 조절되어 배가 지나갈 수
있었다. 배가 나아갈수록
자연 풍경이 많아진다.

이라세크교
Troja
블타바강
유람선선착장
Rašínovo nábřeží
댄싱 빌딩
기발한 디자인
으로 유명한
모던한 건축물
계단을
올라간다
Karlovo náměstí
팔라츠키교

Pražská Paroplavební Společnost a.s. 프라하 유람선 선착장·매표소
Rašínovo nábřeží, praha 2 www.paroplavba.cz
☎ 224-930-017 Fax. 224-930-022

프라하 주변 55분 관광
4월 1일~9월 17일 11:00 · 14:00 · 16:00 · 17:00 · 18:00
어른 170kč 어린이 85kč

프라하 주변 90분 관광
3월 17일~11월 5일 15:30 어른 250kč 어린이 125kč

∽TROJA∾ 트로야

프라하 시내에서 벗어나 바로크 양식의 트로야성과
동물원이 기다리고 있는 트로야로!

Trojský zámek 트로야성
4~10월 10:00~18:00   11~3월 10:00~17:00
휴관 4~10월 월   11~3월 월~금   ☻140kč

나무들 사이로 붉은색 지붕이 선명하게
눈에 들어오는 트로야성은 온통 프레스코화로
장식되어 있다. 아쉽게도 사진 촬영은 금지!

Zoologická Zahrada v Praze 프라하 동물원

하이킹하는 기분으로 걷자! 전부 돌아보려면 하루 종일 걸릴 듯.
드넓은 자연 속에서 자유로이 놀고 있는 동물들을 보는 동안 어느새
여행의 긴장이 사르르. 프라하에서 북극곰과 플라밍고를 만날 수
있으리라고는 생각지 못했었는데.

단풍나무 아래를 미니기차가 지나간다.

애완동물도 입장 OK! 개를 사랑하는 체코인이 많은 모양이다.

가족들이 나들이 나온 흐뭇한 모습이 여기저기에 동물원 안을 나무로 만들어진 전용 카트를 타고 돌아다니는 아이들

Zoologická Zahrada V Praze 프라하 동물원
U Trojského zámku 3/120, Praha 7
☎ 296-112-111 www.zoopraha.cz
3월 9:00~17:00   4~5월·9~10월 9:00~18:00
6~8월 9:00~19:00   11~2월 9:00~16:00
☻ 4~9월 어른 90kč 어린이 60kč 가족(어른 2명, 어린이 2명)
270kč/10~3월 어른 70kč 어린이 40kč 가족(어른 2명, 어린이 2명) 200kč

가는 방법
- 배: 프라하 시내에서 1시간 30분 소요 트로야 도착, 선착장에서 도보로 30분
- 지하철+버스: Ⓜ Ⓒ Nádraží Holešovice역에서 112번 버스로 환승하고 종점에서 하차, 프라하 시내에서 40분 가량 소요

🇨🇿 거리에서 마주친 프라하의 패션 스케치

◆ **여성**

갈색의 도시 프라하에서 눈길을 끄는 여자들의
컬러풀한 타이츠. 패션 포인트를 다리에 두다니.
멋내기의 고수! 아줌마들도 모두 우아하고 산뜻하다.
생기 있고 절묘한 매치.
체코의 멋쟁이들을 동경하게 되었다.

헤어스타일이 깜찍
(멋쟁이 남자는 그다지
눈에 띄지 않네. 유감인걸.)

다리 위에서
한폭의 그림이
되고 있던 여자

화려한 타이츠가 포인트
디자인이 독특한 코듀로이 원피스

은행나무
가로수에
파란색이
돋보이고

빨간색 톤라
맞춘걸가?

비 오는 날은
꽃무늬 우산

바브슈카를 쓴
아줌마

◆ 아저씨

모자나 가방 같은 소품을 잘 소화해 멋을 낸 패션 프로
지하철에서 만난 세련된 아저씨

헌팅캡파도 많다!

가죽 손잡이

컬러풀한 작업복 차림으로 공사 중인 아저씨들과 거리에서 자주 만난다.

어떤 아저씨의 손에나 오랫동안 사용해 온 듯한 복고풍 무늬에 수수한 색의
나일론 소재 가방이 들려 있다. 나도 갖고 싶어 여기저기 뒤졌지만 실패!

지금은 팔고 있지 않나 봐.

◆ 어린이

윤곽이 또렷해 어른스러운 생김새에 파스텔 컬러를 조숙하게 소화하여
인형극 극장에 한껏 차려 입고 온 귀여운 여자 아이들

인형 같아.

물방울무늬 옷을 입은 갓난아기

장난감 목걸이

학교에는 커다란 배낭으로

클래식한 디자인의 유모차

놓치면 후회할 미술관들

프라하는 건축물 전시장으로 불릴 정도로 개성 넘치는 건물들이 즐비해 도시 자체가 미술관이다. 하지만 진짜 미술관도 그에 못잖게 많은 곳이 프라하. 미술관 속의 미술관 같은 카페와 아트 숍을 찾는 재미까지 덤으로 얻을 수 있다.

❀ Dům Umělců 루돌피눔

p.83 Alšovo nábřeží 12, Praha 1
www.ceskafilharmonie.cz

체코필하모닉 오케스트라의 본거지인 루돌피눔은 '예술가의 집'이라는 이름으로 널리 알려져 있다. 블타바강을 따라 있는 네오르네상스 양식의 건물로 본래는 미술관이었다.
체코가 낳은 작곡가 드보르자크를 기념하는 드보르자크 홀이 있어 음악회가 많이 열리지만 미술 전시회도 볼 수 있다.
내가 갔을 때는 체코의 아방가르드 예술가 스칼라의 전시회가 열리고 있었다.

스칼라 사진도 개성 만점

많은 양의 일기가 전시되고 있었다. 길게 쓴 글 옆에 생선 가시가 붙어 있기도 하고…

1층의 우아한 카페에서 리얼라·버터크림 케이크

❀ Veletržní Palác 벨레트르즈니 궁전

p.15 Dukelských hrdinů 47, Praha 7
10:00~18:00 월 휴관
🎫 1개층 100kč 2개층 150kč 3개층 150kč 4개층 200kč

19~20세기 작품을 모아 놓은 미술관
궁전이라는 이름 때문에 처음에는 실망
그러나 내부에 들어가 전시 규모가
거대한 데에 입이 벌어졌다.
워낙 커서 입장료도 몇 개 층을
보느냐에 따라 다르다.

1층 카페에는 거대한 난쟁이 오브제가! 비디오 카메라를 들고 잔뜩 멋을 부린 모습

Uměleckoprůmyslové muzeum 미술공예박물관

p.83 Ulice 17. Listopadu 2, Praha 1
화10:00~20:00 수~일10:00~18:00 월 휴관 ● 80kč

중세에서 현대까지의 식기, 액세서리, 가구, 공예품,
보헤미아의 유리 그릇, 의상 등이 전시되어 있다.
그만 그 아름다움에 넋을 잃고 말았다.
마지막 전시실에는 책 표지, 사본, 포스터 등
온갖 인쇄물이 전시되어 있는데 특히 흥미로웠던 것은
1800년대의 트럼프. 박물관 내 아트 숍에는 센스 있는 소품,
예술 서적이 갖추어져 있고
1층 입구 왼쪽에는 분위기 좋은 카페가 있다.

미술 서적이 있는
도서실도

Muzeum Českého kubismu 체코 큐비즘 박물관

p.83 Ovocný trh 19, Praha 1
박물관10:00~18:00 카페10:00~22:00
월 휴관 ● 100kč

'검은 성모의 집'이라는 애칭을 가진 세계적인 큐비즘 건축물
체코 큐비즘은 경사면과 선으로 입체감을 강조한다.
문, 계단, 전시 작품 등 눈길이 닿는 모든 것이
큐비즘이어서 체코 큐비즘의 보물상자와 같은 곳
더구나 요세프 차페크의 그림을 볼 수 있었다!
아트 숍의 상품 역시 말할 나위 없이 큐비즘
80여 년 만에 다시 문을 열었다는
1층의 그랜드 카페 오리엔트는 메뉴 첫 페이지에
'진짜 큐비즘 카페는 이 지구상에 단 하나밖에
없다'라고 적어 놓기도.

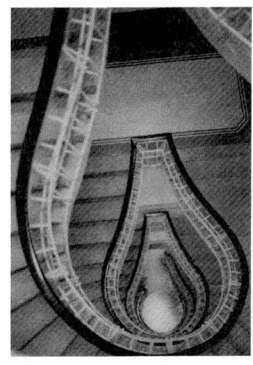

이 신기한 계단은
큐비즘 디자인으로 유명

큐비즘 디자인과
만날 수 있는
프라하 거리의
가로등(p.83)

기차 여행

승차권
역의 창구에서 구입
내릴 때까지
잃어버리지 않도록 주의하자.

기차 그림이 연하게

역무원
역의 안내도 열차 안내 방송도 전부 체코어로 한다.
승차할 열차의 홈을 몰라
역무원에게 난처한 얼굴로 승차권을 보여 주자
말없이 홈까지 데려다 주고 사라져 갔다.
과묵하고 친절한 인상

이것으로 열차에 신호를 보낸다.

플랫폼
지방의 역에 도착하니 열차 주위에
사람들이 모여들었다.
홈이긴 하지만 기차가 다니는
철로와 높이가 같다.
기차가 지나가면
선로를 건너 역사 쪽으로…

기차 안
차내는 깨끗하고 쾌적
오래되어 낡은 차량은
문이 나무로 되어 있고
옛날 그대로여서
나름대로 멋스럽다.

바구니처럼 나무로 된 격자무늬

버스 여행

버스터미널

 = 3

도시와 도시를 이어 주는 버스는
플로렌츠 버스터미널(p.67) 등 프라하 시내에 있는
다섯 개 터미널에서 출발한다.
버스터미널이 넓으니까 일찍 도착해 버스 타는 곳의
번호를 확인해 두자.

원통형 시각표가 있지만
창구에서 묻는 것이 가장 확실
표는 버스터미널 매표소에서
팔지만 운전사에게
직접 사기도 한다.

키오스크(간이판매대)

버스가 잠시 정차한 사이
키오스크에서 과자와
기념품을 사며
한껏 소풍 기분을 냈다!

과일이 들어간 빵

체코에서 대중적인 구미

몽치치

젊은 오빠 기사의
운전석에 매달려
있던 몽치치!
지금 체코에서 유행
하고 있다고 한다.

여행의 동반자
미니 색연필

차창 밖 풍경

프라하를 출발하고 버스가 달릴수록 조금씩 바뀌어 가는
차창 밖 풍경. 단풍으로 물든 푸근한 초원 속을 달려간다.

산속의 작은 교회

한 사람이 겨우 들어갈 정도

기차를 향해 씩씩하게 손을 흔들어 주는 아이들

돌아오는 기차 안에서 바라본 노을

안개에 감싸여
마치 꿈속에 있는 듯
경치를 바라보았더니
졸음이 밀려와 그만
꾸벅꾸벅…

체코의 독특한
벽 디자인

드넓은 들판에 외롭게 서 있는 어미 말과 망아지

사람들로 북적이는 광장의 시장,
분홍색과 파란색의 집들,
복고 분위기의 상점이 나란히 있는 거리…
도중에 내리고 싶어진다.

차를 탔을까?
버스가 지나는 길에 서 있던
젊은 히치하이킹 커플이
영화의 한 장면 같았다!

벽에 그림을 그리는 아저씨는
무척 예술적이었다!

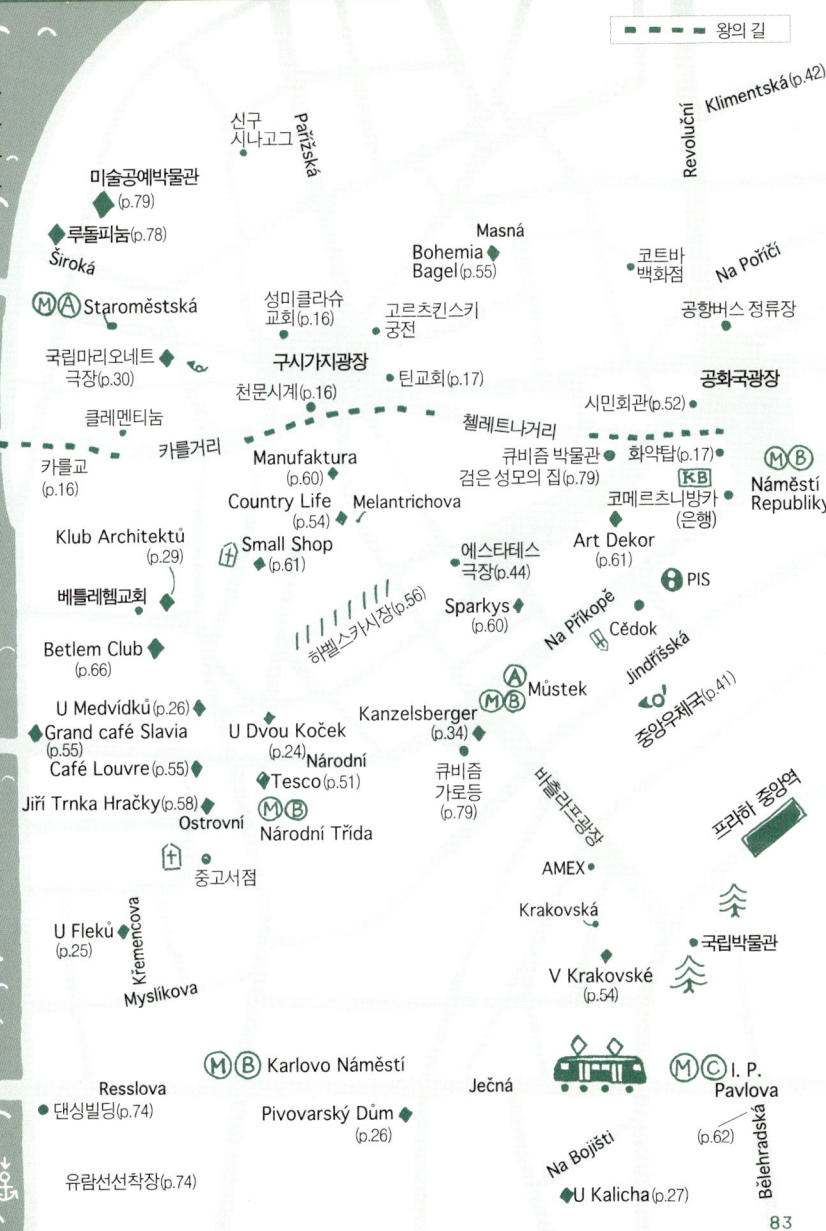

Česká 2 요세프 라다와 차페크 형제의 고향으로

여행을 하며 마음의 길도 걸어가면 변화가 다가올 것이다.

요세프 라다를 만나러 가다

라다의 고향 흐루시체에서는 뾰족 지붕의 교회, 나무, 새… 그의 그림 속 풍경과 만났다. 목가적이면서 신비로움이 감도는 그림에 관심을 느껴 찾아간 흐루시체, 이곳의 분위기에 완전히 반해 라다의 팬이 되었다. 걷는 길마다 라다의 그림과 똑같고 10월인데도 초록이 가득해 무척 즐거웠다. 겨울이 되면 라다가 그린 듯한 눈 내린 경치가 되겠지.

Mirošovice u prahy 미로쇼비체 우 프라히역에 도착

기차역 뒤에 있던 2 HRUSICE 표지판이 가리키는 방향으로 걷다 고속도로에 걸린 다리를 건너고 나서 길을 물으니 (다리를 뒤로하고 오른쪽) 언덕 위에 서 있는 교회 쪽으로 가라고 가르쳐 주었다. 작은 길을 지나 숲을 빠져나가니 근처가 온통 초록빛 융단. 라다의 그림책에도 자주 나오는 교회가 작게 보였다. Hrusice 다!

Památník Josefa Lady
요세프 라다 기념관

Hrusice 115 ☎ 323-655-204
수~일 9:00~12:00 · 13:00~17:00 월·화 휴관
이외에도 휴관인 경우가 있으므로 사전 예약 필수
🎫 20kč

나무들에 둘러싸여 외따로 서 있는 네모난 분홍색 집이다.
문이 닫혀 있어 걱정하고 있는데
뒷마당에서 아줌마가 유유히 걸어오더니 열어 주었다.
안경과 담배, 트럼프 등 라다가
생전에 사용하던 유품을 진열하고 있다.
가정적인 분위기에 마음까지 온화해졌다.

라다 그림이 있는
간판을 겨우 찾았다!

자신의 장서표는 마을의 교회를
모티프로
고향에 대한 사랑이
넘치는 원화!

EX LIBRIS 는 라틴어로 장서표라는 뜻

입장 티켓은 라다가 그린
병사 슈베이크의 우편엽서

요세프 라다 (Josef Lada, 1887~1957)
'체코의 국민 예술가', '20세기 체코 미술에서 가장 중요한 화가'로
불리는 라다는 체코의 시골, 자연을 독자적인 화풍으로
그렸다. 그의 그림은 유머러스하며 크리스마스의 상징이
되고 있다. 하셰크의 「세계대전 중의 용감한 병사
슈베이크의 운명」에 삽화를 그렸으며 밝고 따스한 분위기의
어린이를 위한 작품에 힘을 쏟았다.

그림책의 세계
그대로의 마을

마을의 랜드마크와 같은
교회를 비롯해 라다의 그림에 나오는
모티프와 여기저기에서 마주친다.
조용하고 좁은 길을 천천히
여유롭게 걷는 것만으로
어쩐지 행복한 마음이 된다.

상상했던 것보다 크다!

부활절 달걀

라다 동상 옆에서 놀고 있는
여자 아이들이
호기심이 깃든 초롱초롱하고
장난기 어린 눈길로
흥미롭게 쳐다보았다.

라다의 생가 옆 풍경

라다가 즐겨 쓰는 색으로 꾸민 선술집

HOSPODA U SEJKů

호스포다 우 세이쿠

Hrusice 25 ☎ 602-610-315

교회 앞 건물의 벽에 라다의 그림이!
설레는 가슴으로 들어가 보니
홀의 벽이 온통 라다의 그림이다.
이 마을 사람들의 라다에 대한 사랑이
고스란히 전해 오는 것 같다.

벽에 창문 그림을 그린 위머 감각!

작업복 차림의 단골들이
라다의 그림을 보면서 흥을 올리고 있다!

혼자 점심 식사를 하던 할머니가
다정하게 말을 걸어 주었다.

이렇게 작은 마을에 와주어 고마워요. 체코를 마음껏 즐기세요!

Thank you!

이곳 사람들은 낯선 사람들에게도 스스럼없이 대해 주는군. 노인들은 영어를 할 수 있는 모양이다.

시원시원하게 일하는 오빠
영어는 통하지 않지만
이해하려고 애썼다.

커다란 커틀릿과 감자
소금을 뿌린 바삭바삭한 옷을 입은
커틀릿 + 맥주 필스너 우르쿠엘이 129kč

라다 마을의 기념품

요세프 라다 기념관 숍에는 그림책과 캘린더 등의 상품이 있다.
이걸 살까, 저걸 살까 한참 망설였다.

표지에 라다의 자화상이 그려진 책
흐루시체 마을에 대한 이야기가 쓰여 있는 것 같은데
모두 체코어여서…

이건 라다의 딸이 그린 거야.

Alena Ladová
알레나 라도바의 우편엽서

접이식 그림책
89kč

4kč~

의인화된 신기하고
독특한 동물들의 그림책

포근한 분위기가
아버지와 같다.

『Ladův Český betlém』
종이 전체에
크리스마스 그림이 가득!
잘라내면 장식품이 된다.

요세프 라다 기념관에 가는 방법
- 프라하 중앙역에서 기차로 50분 정도 걸려 Mirošovice U Prahy 역에서 하차
  (완행인 경우 1시간 이상 소요. 그 전에 이름이 비슷한 역이 있으니 주의)
- 1시간에 1회 정도 운행, 편도 46kč~
- 역에서 흐루시체 마을까지 2km, 산길을 걸어 1시간

차페크 형제를 만나러 가다

체코의 작가이자 화가인 차페크 형제가 태어난 고향은 산에 둘러싸인 동보헤미아 지방의 작은 마을. 차페크가 애정을 담아 글 속에서 이야기해 주던 그의 고향을 걸어 보고 싶었다. 형제가 살았던 100여 년 전과 그다지 달라지지 않은 듯한 소박한 풍경을 바라보니 마치 두 사람과 만난 것 같았다.

Muzeum bratří Čapků
차페크 형제 기념관

nám. k. Čapka 147, 542 34 Malé Svatoňovice
☎ 499-886-295
5~10월 화~금 8:00~12:00 · 13:00~16:00 토~일 8:00~12:00 · 13~17:00
11~4월 예약객만 관람 가능하므로 사전 예약 필수 ⊕ 20kč

체코를 대표하는 작가이자 화가인 요세프와 카렐 차페크 형제의
생가를 기념관으로 사용하고 있는데
귀중한 원화와 자료가 전시되어 있다.
고향집에 돌아온 기분으로 나무문을 열고 안으로…

karel ČAPEK

카렐 차페크가 1953년 출판한
귀한 초판본
차페크의 장정은 모두 모던하고 근사하다!
이 마을에 대해서도 쓰고 있는 에세이집
『체코슬로바키아 순례』는
여행 전에 나도 읽어 봤다.

단순한 선을 슥슥
거침 없이 그렸을 거라고
생각했는데…
수정한 흔적이!

Josef ČAPEK

동생 카렐이 정원 만들기에 대한
유머러스한 에세이를 쓰고
형 요세프가 그림을 그린
『정원사의 열두 달』의 원화

요세프 차페크(Josef Capek, 1887~1945) · **카렐 차페크**(Karel Capek, 1890~1938)
체코를 대표하는 작가이자 화가 형제. 형제가 함께 물질주의를 풍자한 『곤충의 생활』과 자연의 변화를
유머러스하게 그린 『정원사의 열두 달』을 쓰고 그렸다. 동생 카렐의 희곡 「로봇」에서 '로봇'이라는 말이
유래되었으며, 형 요세프는 제2차 세계대전 중 강제 수용소를 전전하다 세상을 떠났다.

기념관에서는
고등학생 정도로
보이는 직원이
나를 계속
지켜보아서 조금…

형제의 자화상이 있는 티켓

요세프가 큐비즘 기법으로 그린
작품들도 전시되어 있었기 때문에
차근차근 감상했다.
여자 아이 그림이
마음에 쏙 들었다.

Josef ČAPEK

『Dášeňka 다셴카』
카렐이 강아지의 일상 모습을
따스한 시선으로 그린 그림책
책에서 보던 그림의 원화를 볼 수 있어 기뻤다.
기념관 안의 숍에서 새 장정판을 기념으로 구입

129kč

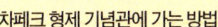

차페크 형제 기념관에 가는 방법
① 프라하 Ⓜ Ⓑ 의 종착역 Černý Most 체르니모스트에서 하차
② 체르니모스트 버스터미널에서 버스로 Trutnov 트루트노프까지, 약 3시간 소요
③ 도보로 10분 정도 거리에 있는 Trutnov 트루트노프역에서 기차로 Malé Svatoňovice 말레스바토뇨
  비체역까지, 약 20분 소요
④ 역에서 기념관까지는 도보로 15분, 편도 153kč

 고요한 산기슭 마을

저절로 미소 짓게 되는 실제 크기의 동상
형 요세프는 스케치북을,
동생 카렐은 물뿌리개를 들고 있다.
카렐이 쓰고 요세프가 삽화를 그린 책
『정원사의 열두 달』에서
빠져나온 듯한 모습이다.

차페크 기념관 맞은편에 있는 교회

Kostel Panny Marie

신비한 미소의
성모상

몸이 약했던 카렐이 튼튼하게 자라도록
그의 어머니가 기도하러 다녔다고 한다.

눈앞에 펼쳐지는
골짜기 사이로는
빨간 알이 달린 사과나무와
옛날이야기에 나오는 것
같은 소박한 집들이
드문드문 보인다.

말레스바토뇨비체의 상점들

레스토랑 Salamandr 살라만드르

기념관 뒤편에 있는 레스토랑
차페크의 책이 놓여 있었다.

메뉴 중에 Dášeňka 다셴카가 있어서 주문해 봤더니
검은 얼룩무늬가 있는 다셴카처럼 초콜릿 아이스크림과
바닐라 아이스크림이 들어간 파르페가 나왔다.

체코어 메뉴를 하나도 몰라
'치킨' 하고 주문했더니
치즈와 복숭아와 파를 얹은
그릴치킨이 나왔다!
달콤하고 처음 먹어 보는
맛이었지만, 아주 맛있었다!

곁들여서 나온 피클은
맥주에 안성맞춤

가볍고 산뜻한 맛의
이 고장 맥주
Trutnovský Krakonoš
트루트노프스키 크라코노슈

85kč

마을에서 유일한 상점
U MACHU 우 마후

크르테크도 있다!
케이크 데코레이션 견본 포스터
동심이 느껴지는 디자인 때문에
눈을 뗄 수가 없다.

오래되고 작은 가게
방과 후에 집에 가는
아이들이 드나들고 있었다.

사과를 얹은
고슴도치 케이크

Česká 3 세 도시로 떠나는 작은 여행

여행은 새로운 풍경의 발견이 아닌 새로운 시야의 발견이다.

설탕과자 같은 집들, 텔츠

체코의 진주 텔츠. 세계유산으로 지정될 정도로 과거의 흔적이 잘 남아 있는 곳이다. 분홍색, 하늘색, 노란색, 흰색으로 컬러풀한 집들, 13세기에 지어진 텔츠성과 성을 둘러싸고 있는 호수, 그 아름다움이란….

형형색색의 설탕과자 같은 자하리아스 광장

프라하에서 버스를 타고 세 도시를 향해 떠났다.
첫 번째 도시는 보헤미아모라비아 고지의 작은 도시 텔츠!
푸른 하늘을 배경으로 르네상스와 바로크 양식으로 지어진 집들이 늘어선 모습은 마법의 나라 그 자체. 광장을 한 바퀴 돈 다음 거리를 둘러싼 호숫가와 단풍진 정원을 산책하며 느긋한 시간을 보냈다.
이런 마법의 도시에 사는 사람들은
모두 상냥하고 다정했다.

이 문을 지나 광장으로…

아담하고 아기자기한 집들은 1530년 대화재 이후 르네상스와 바로크 양식으로 지은 것. 텔츠는 자그마한 도시로 그 우아함과 고즈넉함이 신기하게 여행자의 마음까지 편안하게 해준다.

16세기 모습 그대로의 집들

손으로 만든 헝겊 소품

수예점에서 발견한 리본

회랑 아래 기념품점 순례

데코레이션 쿠키와 금속세공 장식품

Telčský zámek 텔츠성

팔짱을 끼고 산책을 즐기는 사이좋은 할머니들

마법의 마을 텔츠에서 기념품 찾기

광장의 기념품점을 돌아다니자!

···· 두더지 벽화

① 손으로 만든 헝겊 소품의 보물섬

② 그림 시트는 이곳에서

그림 시트 장식 1장 69kč

④ 복고풍 꽃무늬가 있는 포장지
텔츠는 복고 분위기의 소품이 많았다.

③ 리본으로 묶은 갓난아기 민속 인형

Telč

스테프니츠키 호수

텔츠성 정원

'Pavel Malec' 연중무휴. 구석에 있는 가게

'Papír' 일요일 휴점

텔츠역 →

텔츠성

자하리아스 광장
nám. Zachariáše Z Hradce

③

④ 'Celerin' ⑦

Masarykova

Tyršova

Na můstku

소품점

수예점

Svatoanenská

①② 'U Senigrü' 월~토 9:00~17:00

⑥ 장식이 아름다운 집

'U Zachariáše'

⑤

버스터미널

우리츠키 호수

버스터미널에서 광장까지 약 15분

100

보헤미아 지방의 요리

송어 프라이

❺ Šenk pod věží
솅크 포드 베지

Palackého 116 ☎ 567-243-889
월~목 11:00~15:00 · 18:00~21:00
금 11:00~15:00 · 18:00~22:00
토 11:00~22:00 일 11:00~16:00

남보헤미아의 맥주
20kč
Bohemia regent
보헤미안 레겐트
좀 많은데...

Pstruh Smažený
98kč

껍데기가 바삭바삭하고
살은 육즙이 가득 고기에 질렸다면
이곳에서의 식사를 추천

❻ 저녁 식사는 희한한 오브제가 매달려 있는 레스토랑에서

그린피스와 파프리카로 장식하여 눈까지 즐겁게 해주는 프스트루흐 스마제니

추천 호텔 ❼
★★★ Hotel Celerin
호텔 첼레린

nám. Zachariáše Z Hradce 1/43 Telč
☎ 567-243-477 Fax 567-213-581
🍴 (조식 포함) 싱글룸 1,000kč~
더블룸 1,350kč~
www.hotelcelerin.cz

고요한 야경이 멋지다.
광장이 중심을 이루는 도시구나.
창이 광장 쪽으로
난 방에서 하룻밤을!

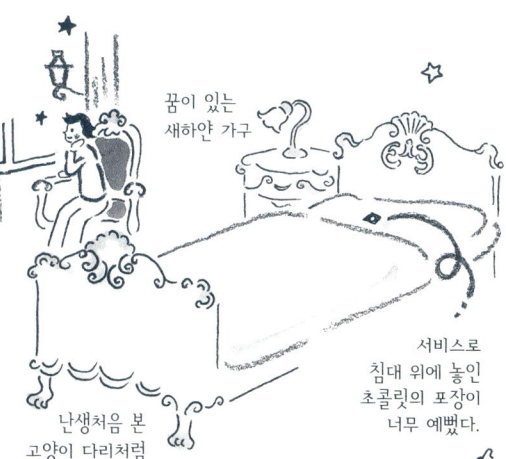

꿈이 있는 새하얀 가구

서비스로 침대 위에 놓인 초콜릿의 포장이 너무 예뻤다.

난생처음 본 고양이 다리처럼 생긴 침대!

툴리즈

웃는 얼굴로
대해 준 친절한 여주인

'Dobrou noc
도브로우 노츠'
안녕히 주무세요
라고 체코어로
쓰여 있다.

텔츠에 가는 방법 🚌 버스

프라하 플로렌츠 버스터미널(p.67)에서 2시간 40분~
102kč~ 하루에 6회 운행

아름다운 광장과 분수, 체스케부데요비체

텔츠에서 체스키크룸로프로 향하던 중 버스를 갈아타기 위해 내린 남보헤미안의 작은 도시 체스케부데요비체는 '맥주의 도시', '연필의 도시'. 이 도시는 13세기부터 맥주 양조를 시작했다고 한다. 아름다운 광장의 하나로 손꼽히는 프제미슬 오타카르 2세 광장, 1720년대 만들어져 지금도 물을 뿜고 있는 삼손 분수를 바라보며 맥주 한잔으로 여행의 피로를 풀어 보자.

České Budějovice 체스케부데요비체에서 태어난
Budweiser Budvar 와 **KOH-I-NOOR**
부드바이저 부드바르   코히노르

Budweiser Budvar
(Budějovický Budvar)
부드바이저 부드바르

이렇게 생긴 부드바이저 부드바르 간판이 곳곳에서 눈에 띤다.
미국의 버드와이저는 이 이름에서 유래하고 있지만
맛은 전혀 다르다!
맥주를 즐긴 다음 거리를 둘러보느라 정신이 없어
버스를 놓칠 뻔했다.

KOH-I-NOOR 코히노르

사자와 별이 있는
전통이 느껴지는 ☆
코히노르의 로고

1790년에 창업한 체코를 대표하는
문구 메이커. 체코에서는 어느 문구점에나
코히노르의 제품이 있다.
색연필 등 세계에 자랑하는 문구를 제조.

코히노르의 공장?

직영점도 있다!
로고가 그 표시

색연필이 진열되어 있는
담 앞을 버스를 타고
스쳐 지나갔다.

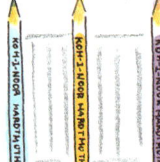

❷ 중고 서점 antik
(월~금 9:00~17:00)

구석에 놓인 서가에 그림책이 잔뜩 꽂혀 있었다.
요세프 차페크의 그림책 「독립기념일」 등
여러 권을 사고 말았다.

클로버의 누른 꽃이
로고인 추천 서점

30kč

❸ 눈길을 빼앗긴
가루비누의
귀여운 포장 ♡

❹ 케이크집

쇼윈도 속에는
맛있는 갖가지
데코레이션 케이크가

꽃 모양의 설탕
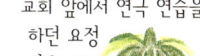

교회 앞에서 연극 연습을
하던 요정
같은 아이

크르테크?

메모가 끼워져
있었다.

남보헤미아의 명물
송어를 본뜬 문고리

골목 뒤에 죽 줄지어 있는
예쁜 집들

맛있는 레스토랑

❺ Panský Šenk 판스키 솅크

Plachého 19 ☎ 386-351-108
일~목 11:00~23:00 금~토 11:00~24:00

이 여행 동안 가장 맛있었던 레스토랑

야채 수프
30kč

치즈를 넣은 커틀릿
125kč

주세의 무드에 젖어서…

České Budějovice

고양이 스티커를 샀다

체스케부데요비체역

❺ Plachého
마르세강
펜션
Mac3
Jerónymova
문구점 ❸
Lannova
PRIOR ❹
Dvořákova
호텔
버스터미널

예쁜 집들
시청사
프제미슬 오타카르 2세 광장
민예품점
문구점
라다의 카드 세트 구입
Na sadech
Čedok 체도크 ❷
안쪽에 중고서점
이부근에 코히노르지영점 ❶

서민적인 백화점과 슈퍼마켓이 한곳에

★ 버스터미널에서 광장까지 약 10분

체스케부데요비체로 가는 방법 🚌 버스

- 프라하에서 약 2시간 15분~3시간 45분, 105kč~ 하루에 약 20회 운행
- 텔츠에서 약 2시간, 72kč~, 하루에 1~6회 운행
- 체스키크룸로프에서 약 30분~1시간, 26kč~ (30분~1시간 간격으로 운행. 주말에는 운행 수 감소)

여행의 해프닝

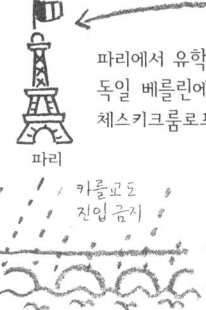

파리에서 유학 생활을 하고 있던 2002년 여름방학, 독일 베를린에 관해 관심 있는 친구와 베를린~프라하~체스키크룸로프를 도는 여행에 나서기로 했다.

드디어 프라하에서 체스키크룸로프로 향하는 날, 아침부터 굉장히 굵은 빗줄기가 내렸다. 그날 전 세계에 뉴스로 나간 대홍수가 체코를 덮친 것이다.

어렵게 버스터미널에 도착했더니 직원들은 곤란하다는 표정으로 '다른 터미널로 가십시오' 하거나 '이제 버스는 출발하지 않습니다' 하며 가는 곳마다 다른 정보를 들려주었다.
반나절을 기다린 끝에 드디어 달리기 시작한 버스는 남쪽으로 내려갈수록 격렬해지는 빗속을 필사적으로 뚫고 나아갔다. 한참 달리다 운전사가 뭐라 말하며 버스를 세우자 버스에 있던 사람들 모두 빗줄기 속을 뛰기 시작해 우리는 영문을 모른 채 뒤따라 뛰었다.

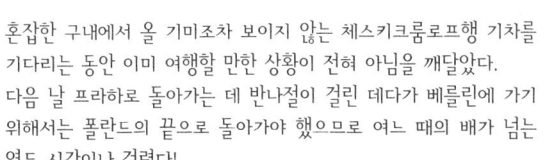

그러고서 뭐가 뭔지도 모르면서도 사람들을 따라 기차에 타고 또 갈아타며 고생 고생 끝에 체스케부데요비체역에 도착했다.

혼잡한 구내에서 올 기미조차 보이지 않는 체스키크룸로프행 기차를 기다리는 동안 이미 여행할 만한 상황이 전혀 아님을 깨달았다. 다음 날 프라하로 돌아가는 데 반나절이 걸린 데다가 베를린에 가기 위해서는 폴란드의 끝으로 돌아가야 했으므로 여느 때의 배가 넘는 열두 시간이나 걸렸다!

이번 여행에서는 체스케부데요비체에서 버스로 한가로운 전원을 지나 45분 만에 체스키크룸로프에 도착! '이제 다시 찾아올 일은 없겠구나' 생각하며 꿈에 그리던 이곳에 도착했을 때는 감격스럽기까지 하여 거리가 더욱더 아름다워 보였다.

장미와 탑, 체스키크룸로프

작은 여행의 마지막 도시는 '유럽에서 가장 아름다운 도시', '사진 찍기에 세계에서 가장 아름다운 도시'라는 체스키크룸로프. 세계유산으로 지정될 만하다. 도시를 누비듯 흐르는 블타바강이 있는 평화로운 풍경 속에 중세 시대의 거리가 고스란히 남아 있다는 사실이 마냥 신기하다.

zámek

바위로 뒤덮인 골짜기에 솟아 있는
체스키크룸로프성
주홍색 탑은 낮에도 환상적이지만,
밤의 어둠에 빛나는 자태는
매우 신비롭다.

장미는 이 도시의 상징이어서
장미 장식이 여기저기에

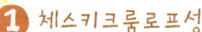
흐린 날 탑 꼭대기에서 바라본 거리

❶ 체스키크룸로프성
Zámek 59, Český Krumlov ☎ 380-704-711
4~5월・9~10월 9:00~17:00 6~8월 9:00~18:00
월・동절기(11~3월) 휴관 www.castle.ckrumlov.cz
🎫 영어 가이드 140~160kč(루트에 따라 다르다)

정원의 동그란 나무

마리아상이 아름다운 교회와
로코코 장식의 가면의 방을 구경

약 80년 전의
크리스마스 장식

1개 200kč

② NOSTALGIE ANTIQUES
노스탈기에 안티퀘스
Latrán 1 ☎ 380-713-019

옛날 단추
1개 5~15kč

탑 바로 앞에 있는 다리를 건너서 금방 장난감 가게 안쪽에 있는 Nostalgie Antiques는 앤틱으로 꽉 찼다. 장의 서랍을 열었더니 오래된 꽃무늬 단추가 한 뭉치 나오기도 하고 천장에는 사랑스러운 장식들이 매달려 있고… 이 도시에서 가장 마음에 드는 곳이다.

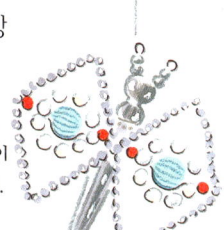

거리 곳곳에 있는 앤틱 상점은
여러 개를 사면 깎아 주고
비교적 친절하다.
체코의 앤틱은 소박하고
디자인이 훌륭한 것들이
많으니 꼭 한번 보자.

옛날의 알루미늄
광고 간판

동굴에 들어가는 기분

③ 수예용품점
Široká 76

체코에서는 수예점을 흔히 볼 수 있었다. 뭐든 손으로 만드는 것이 생활 속에 깊이 뿌리 내리고 있다는 증거일까?

눈길을 붙드는
쇼윈도

그림책 같은 자수가
들어 있는 리본

귀여운 간판

1m 27kč

107

지방 맥주 Eggenberg 에겐베르크
양조장 직영 레스토랑

④ Restaurace Eggenberg
레스타우라체 에겐베르크

Latrán 27, Český Krumlov ☎ 380-711-917
11:00~22:00 www.eggenberg.cz

거리에서 발견한 Eggenberg의 간판

양조장이 냉장실로 사용했던
건물이라고 한다.

소시지
살짝 태운 듯
Grilovaná klobása 35kč

음식의 맛이 진해서
맥주에 자꾸 손이 간다!
막 주조된 Eggenberg는
약간 뒷맛이 남고
금방 취기가 돈다.
0.5ℓ 20kč

⑤ ZLATÝ ANDĚL
즐라티 안델
nám. Svornosti 10/11

형형색색의 집들이 나란히 있는 광장을
향해 울타리가 꽃으로 된 카페
오픈 테라스에서 커다란 피자 130kč 와
코코아로 다리를 쉬었다.

⑥ Okresní vlastivědné muzeum
지역 박물관 Horní 152, Český Krumlov ☎ 380-711-674
3~4월·10~12월 화~금 9:00~16:00 토~일 13:00~16:00 월 휴관
5~9월 9:00~17:00(12:30~13:00은 점심시간) 1~2월 휴관 50kč

부활절 장식

주름이 풍성한 빨간 스커트에 꽃무늬 숄과
에이프런의 귀여운 민속 의상을 비롯해
19세기 후반 남보헤미아 지방 사람들의
생활용품 전시가 재미있다.
손으로 만든 소박한 소품이 가득

가죽으로 테두리가쳐진 바구니

나무로 만든 말
나무 신

헝겊으로 만든 작은 꽃

109

❼ KOH-I-NOOR HARDTMUTH
문구점 코히노르
월~금 9:00~17:00 토 9:00~13:00

마법의 나라의 문구점 같은
귀여운 외관의 코히노르 직영점
코히노르의 문구가 빼곡하게
진열되어 있다.
화가처럼 보이는 할아버지,
아이를 데리고 온 부모들로 복작복작했다.

나무 연필 모양의
케이스에 든
색연필 세트

모래판
4kč

조금 수수한
색의 색연필
4kč~

대형 연필로 꾸민
입구가 귀엽다!

너무 찍었나…

❽ Trafika u Mrázků
트라피카 우 므라즈쿠

담배와 신문이 있는 작은 잡화점의 구석에서
카드를 발견했다.

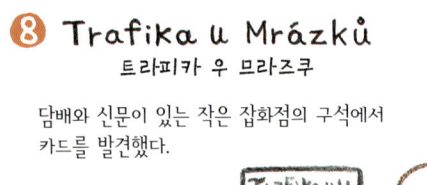

가게 쇼윈도에
손으로 만든
연이 장식되어 있다.
무뚝뚝한 점원
아저씨가 만든 걸까?

아침 식사는 세계적으로 유명한 체코 브랜드인 블루오니온의 접시에

강가에 있는 펜션
❾ Pension Barbakán
펜션 바르바칸

Kaplická 26, Český Krumlov
☎ · fax 380-717-017
🛏 (조식 포함) 싱글룸 1,250kč~
더블룸 1,250kč~ 트리플룸 2,050kč
www.barbakan.cz

전망이 좋은 클래식한 인테리어의
더블룸 딜럭스(1,700kč로 괜찮은 요금)를 추천
혼자 쓰기엔 미안할 정도로 넓고
커다란 욕실이 있어 푹 쉴 수 있었다.

작은 꽃무늬 쿠션

고풍스런 열쇠

철제 침대에서 한가하게 뒹굴뒹굴

펜션에 있는 레스토랑
❾ krčma Barbakán
크르츠마 바르바칸

Horní 26, Český Krumlov ☎ 380-712-679
4월 15일~10월 30일 11:00~24:00
11월 1일~4월 14일 15:00~24:00

펜션 바르바칸의 테라스 쪽으로
입구가 있다. 도시 순례 여행의 마지막
저녁 식사는 화덕에서 구운 그릴치킨이
맛있는 레스토랑에서
체코 여행의 추억에 건배!

맥주에 레드와인을 탄 Korma 27kč를 주문
꿀같이 달콤하고 맛있었다.

돌아오는 길에
우리가 탄 버스는
프라하의 Roztyly 로즈틸리
터미널에 도착
터미널에서 시내까지는
지하철을 이용

체스키크룸로프에 가는 방법 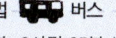 버스
프라하에서 약 2시간 45분~3시간 25분 126kč~
하루에 약 10회 운행(체스케부데요비체 경유)

체코에서 보내는 편지

여행지에서 만난 내가 일상의 나에게 편지를 쓴다. 여행에서 돌아와 여행한 도시에서
내가 나에게 보낸 우편엽서를 받아 보는 느낌은 특별하다.

체스키크룸로프에서

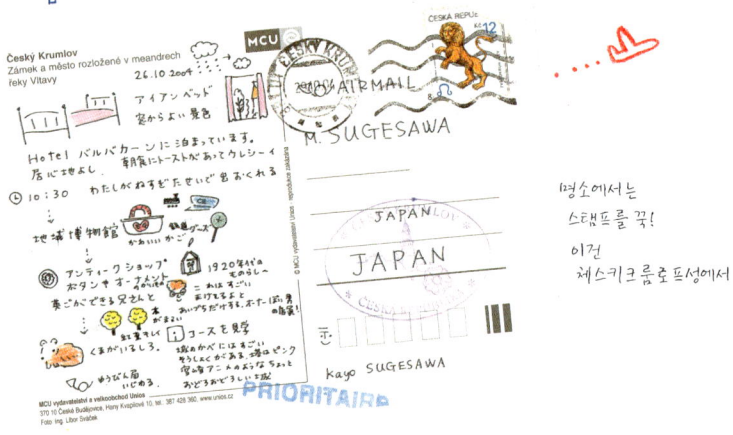

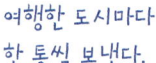
여행한 도시마다
한 통씩 보낸다.

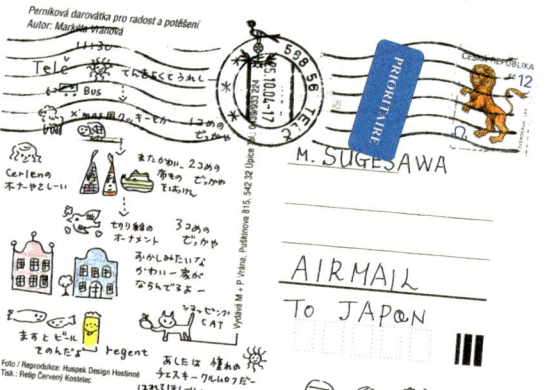

낙서 같은 나의 여행 그림일기
집으로 돌아와서 보는 것은 색다른 즐거움

카페에서 다리를 쉬는 약간은 심심하고 약간은 여유로운 시간에 쓰는 경우가 많지만 경치 좋은 곳에 앉아 쓰는 것도 좋다.
그날 여행하며 있었던 일과 새롭게 찾아낸 마음에 드는 물건 따위를 떠올리며 그림일기를 쓴다.
여행 기록이 되어 나중에 보아도 가슴이 설렌다.

1주일 정도면 도착. 체코어로 우표는 Znamka 즈나므카.
우체통만 보면 언제나 편지를 쓰고 싶어져 우표를 한꺼번에 사두고 여행하는 내내 갖고 다녔다.
우표는 우체국이나 우편엽서를 파는 가게에서 살 수 있다.

될 수 있으면 여행한 도시의 기념품 가게에서
그곳의 독특한 문양이나 그 도시다운 그림이
들어간 우편엽서를 고른다.
프라하에도 인터넷 카페가 있지만 여행지에서만이라도
이메일이 아닌 편지를 쓰고 싶다.

텔츠의 쿠키카드

친구에게 Fax로 그림 메시지를

체스키크룸로프의 호텔에서

여행지에서 팩스를
주고받는 게 처음이었기
때문에 살짝 감동!
기뻐해 주니
나도 정말 기뻤다.

Dear, Pon *
Happy Birthday!!

생일 축하해!
우리는 체코의 시골에 있어. 체코는 멋지고 맥주가 진짜 맛있어.
돌아가면 얘기해 줄게.
HEZKÉ NAROZENINY!

Pon san

친구에게 보내는 축하 메시지를
그려서 호텔에서 Fax로 보냈다.
그리고 프론트 직원에게
체코어로 써달라고 부탁.

'생일 축하해'
라는 뜻

고마워! 뜨거운 답장

시내를 돌아다니다
호텔에 왔더니 답장이
팩스로 도착해 있었다!

프라하에서 나보다 먼저
귀국한 선배에게서 '무사히
도착했음 + 여행의 감상'이
적힌 메시지가 담긴 Fax가
혼자 머물고 있는 호텔에
왔다. 정말 반가웠다.

To. Betlem Club
가요, 잘 도착했어.
굉장히 즐거운
여행이었어.
삼각 인형
꼭 사와.
앞으로도
잘부탁해.

113

알면 편리, 간단한 체코어

처음 보는 기호, 귀에 선 발음… 체코어는 신기하고 매력적이다.
제스처와 떠듬거리는 영어, 눈곱만큼 알고 있는 체코어로도 여행은 만사 OK!
몇 가지 인사말을 알아 두었다가 체코 사람들과 인사를 나누면
즐거운 추억이 되지 않을까?

인사말

안녕하세요 Dobrý den 도브리 덴
안녕(헤어질 때 또는 만났을 때) Ahoj 아호이
안녕히 계세요 Na shledanou 나 스흘레다노
안녕히 주무세요 Dobrou noc 도브로우 노츠
고맙습니다 Děkuji 데쿠이
잘 먹었습니다 Děkuji za pozvání 데쿠이 자 포즈바니
부탁드립니다 Prosím 프로심
실례합니다 S dovolením: 스 도볼레님
죄송합니다 promiňte 프로민테
예 Ano 아노 / 아니오 Ne 네

거리에서

지하철 Metro 메트로
트램 Tramvaj 트람바이
버스 Autobus 아우토부스
기차 Vlak 블라크
입구 Vchod 브호드
출구 Východ 비호드
역 Nádraží 나드라지
은행 Banka 방카
우체국 Pošta 포슈타
전화 Telefon 텔레폰
인형극 극장 Loutkové divadlo 로우트코베 디바들로

Otevřeno po~pá
월~금 영업

개점 시간의 표기나 시각표에서
자주 보는 요일을 알아 두면 도움이 된다.

레스토랑 Restaurace 레스타우라체
비어홀 Pivnice 피브니체
선술집 Hospoda 호스포다
카페 Kavárna 카바르나

가게에 들어갈 때 Dobrý den 도브리 덴
점원을 부를 때 Prosím vás 프로심 바스
영어 할 줄 아세요? Mluvíte anglicky? 믈루비테 앙글리츠키
○○○에 가려고 하는데요 Chci jet do ○○○ 흐치 옛 도 ○○○

레스토랑에서

음식
로스트포크 Vepřo 베프조
크네들리키(찐빵과 비슷한 빵) Knedlo 크네들로
자우아크라우트 Zelo 젤로
굴라슈 Guláš 굴라슈
수프 Polévka 폴레프카
크네들리키(곁들여 나오는 음식) Knedlíky 크레들리키
체코식 크레이프 Palačinky 팔라친키

음료수
맥주 Pivo 피보
차 Čaj 차이
물 Voda 보다
베헤로프카(체코의 전통주) Becherovka 베헤로프카
와인 Víno 비노
커피 Káva 카바

건배! Na zdraví 나 즈드라비
화장실이 어디예요? Kde je toaleta? 크데 예 토알레타
남성용 화장실 pani 파니 / muzi 무지 여성용 화장실 damy 다미 / zeny 제니
○○○를 주세요(음식을 주문할 때) Dejte mi ○○○ 데이테 미 ○○○

쇼핑

기념품점 Suvenýry 수베니리
문구점 Papírnictví 파피르니츠트비
우표 전문점 Filatelie 필라텔리에
바자 Bazar 바자르
서점 Knihkupectví 크니흐쿠페츠트비
앤틱 상점(골동품점) Antikvariát 안티크바리아트
그림책 Obrázková kniha 오브라즈코바 크니하
지도 Mapa 마파
사전 Slovník 슬로브니크
장난감 Hračka 흐라츠카
마리오네트 Loutka 로우트카
이거 주세요 Tohle, Prosím 토흘레 프로심
이거 얼마예요? Kolik to stoií? 콜릭 토 스토이

요일 ( ) 안은 생략형

월요일 Pondělí (Po) 폰델리
화요일 Úterý (Út) 우테리
수요일 Středa (St) 스트르제다
목요일 Čtvrtek (Čt) 츠트브르테크
금요일 Pátek (Pá) 파테크
토요일 Sobota (So) 소보타
일요일 Neděle (Ne) 네델레

12개월

1월 Leden 레덴	7월 Červenec 체르베네츠
2월 Únor 우노르	8월 Srpen 스르펜
3월 Březen 브르제젠	9월 Září 자르쥐
4월 Duben 두벤	10월 Říjen 르쥐옌
5월 Květen 크베텐	11월 Listopad 리스토파트
6월 Červen 체르벤	12월 Prosinec 프로시네츠

숫자

0 nula 눌라	1 jeden 예덴
2 dva 드바	3 tři 트리
4 čtyři 츠티지	5 pět 폐트
6 šest 셰스트	7 sedm 세듬
8 osm 오슴	9 devět 데베트
10 deset 데세트	11 jedenáct 예데나흐트
12 dvanáct 드바나흐트	13 třináct 트리나흐트
14 čtrnáct 츠트르나흐트	15 patnáct 파트나흐트
16 šestnáct 세스트나흐트	17 sedmnáct 세듬나흐트
18 osmnáct 오슴나흐트	19 devatenáct 데바테나흐트
20 dvacet 드바체트	30 třicet 트리체트
40 čtyřicet 츠티지체트	50 padesát 파데사트
60 šedesát 셰데사트	70 sedmdesát 세듬데사트
80 osmdesát 오슴데사트	90 devadesát 데바데사트
100 sto 스토	1,000 tisíc 티시츠

온갖 여행정보

하늘 여행

프라하로 바로 가는 직항과 파리 등을 거치는 경유편을 이용할 수 있다. 갈아타는 도시에서의 스톱오버(도중 체재)도 가능하다. 국제선이 뜨고 내리는 프라하 루지네국제공항은 현대적 설비가 갖추어져 있고 환전소도 여러 곳 있다.

- **직항편**
  대한항공에서 1주일에 4회(월·화·목·토) 운행. 인천 → 프라하는 11시간 30분, 프라하 → 인천은 10시간 30분 가량 소요
- **경유편**
  취리히 경유 스위스항공, 프랑크푸르트 경유 독일항공, 암스테르담 경유 네덜란드항공의 경유편이 운행. 14~19시간 가량 소요
- **비자**
  비자면제 협정이 체결되어 있어 비자 없이 90일까지 체류 가능

공항에서 프라하 시내로

프라하의 루지네국제공항 앞에 버스 정류장이 있어 약 30분 이내에 도심에 갈 수 있다.

- **버스**
  119번 버스가 공항과 Dejvická데이비츠카역(Ⓜ︎Ⓐ의 종착역 p.69) 사이를 약 20분에 연결한다. 평일에는 10분 간격으로 운행. 버스표는 정류장에 있는 자동판매기에서 구입하는데, 이를 대비해 환전할 때 동전을 준비해 두자. 요금은 20kč. 데이비츠카 버스 정류장 앞에 Ⓜ︎Ⓐ의 입구가 있어 프라하 시내로 이동하기에 편리하다.

- 공항 버스

    공항과 nám. Republiky공화국 광장(p.83)을 잇는 6~9인승 미니 버스. 공항행 미니 버스는 매시 정각과 30분에 공화국 광장에서 출발하며 요금은 90kč. 공항에서 호텔까지 송영도 하는데, 이 경우에는 1~4명이 480kč이다. 정원이 차면 다음 버스를 기다려야 하므로 서둘러 버스 정류장에 도착하도록 하자. 체코의 택시는 바가지요금으로 악명이 높기 때문에 이용하지 않았다.

시내 여행

체코의 대중교통 수단으로는 지하철, 트램(노면 전차), 버스가 있고 표는 따로따로 있지 않으며 지하철 입구의 자동판매기나 가판대에서 산다. 자동판매기에는 지폐를 사용할 수 없으니 항상 동전을 준비해 두자. 버스의 경우에는 운전사에게도 살 수 있는 점이 특이하다. 체코의 승차권에는 갈아탈 수 있는 것과 없는 것, 24시간 이용할 수 있는 1일 이용권이 있으니 표를 살 때 잘 따져 보고 사자. 또 체코에서는 짐을 들고 있으면 짐의 개수만큼 표를 사야 한다는 것이 특이하다. 게다가 개를 데리고 타면 개도 표를 산다고 한다. 지하철은 A(초록색), B(노란색), C(빨간색) 노선이 있으며 5:00~24:00까지 운행한다. 버스 가운데 501~514, 601~604번은 심야 시간대에 운행하며, 트램은 4:30~24:00까지 운행한다. 특히 처음 탈 때 펀칭기에 넣고 한 번만 펀칭을 해야야 펀칭하지 않았거나 여러 번 펀칭한 경우에는 벌금을 물어야 한다는 사실을 명심.

- 환승 불가능한 표 14kč

    다른 교통수단으로 갈아탈 수 없으며 지하철은 출발역을 포함하여 5개 역까지만 이용 가능
    버스와 트램은 20분(토・일요일, 평일 21:00 이후에는 60분) 동안만 이용 가능
- 환승 가능한 표 20kč

    75분(토・일요일, 평일 21:00 이후에는 90분) 이내에는 몇 번이고 갈아탈 수 있다.
- 1일 이용권 80kč

육지 여행

유럽 주변국과 체코를 오가는 국제 열차는 Praha Hlavní Nádraží 프라하 중앙역이나 Holešovice 홀레쇼비체역에서 출발한다. 체코 내에서는 도시를 잇는 기차와 버스가 자주 운행되고 있어 여행에 편리하다. 터미널이나 역에서 표를 살 때는 행선지와 발차 일시를 종이에 써서 역무원에게 보여 주면 체코 말을 몰라도 상관없다. 하지만 기차와 버스 운행 시각표와 목적지의 지도는 교통기관 사이트 www.idos.cz, 체코 지도 사이트 www.mapy.cz를 이용해 사전에 조사해 두는 것이 필수.

프라하 중앙역에서는
멋진 그림문자를 의지하여

환전

체코 통화는 kč로 표기하는 코루나와 보조 통화 할레즈가 있다. 체코는 유럽연합에 가입했지만 대형 쇼핑센터나 호텔 등을 제외하고는 유로화가 통용되지 않고 있으니 달러나 유로화로 환전한 다음 현지에서 코루나로 환전해야 한다. 하지만 코루나는 체코에서밖에 쓸 수 없으므로 쓸 만큼만 환전하자. 코루나에는 50kč, 100kč, 200kč, 500kč, 1,000kč, 2,000kč, 5,000kč짜리 지폐가 있고 1kč, 2kč, 5kč, 10kč, 20kč, 50kč짜리 동전이 있다. 코루나로 환전할 수 있는 곳은 공항 내 환전소, 은행, 사설 환전소가 있는데 코메르츠니방카(p.83) 등 시내 은행에서 환전하는 편이 편리하다. 그리고 되도록이면 사설 환전소는 피하는 것이 좋다. 프라하에 도착해 공항 내 환전소에서는 최소한만 바꾸고 프라하 시내에 도착하자마자 은행에서 한꺼번에 환전하는 게 유리하다. 은행은 월~금요일 9:00~17:00까지 영업한다.

코메르츠니방카의 로고

50 kč짜리
지폐를
자주 사용

• 환율 1kč = 약 44원 / 1US$ = 약 21.4kč / 1유로 = 약 28.4kč

🛈 관광안내소

도시에 도착하면 우선 관광안내소에서 시내 지도를 구하고 정보를 얻자. 창구에서는 콘서트의 티켓도 구입할 수 있다. 프라하에서 자주 이용한 곳은 PIS(p.83). 뭐든지 묻기만 하면 솜씨 좋게 최신 정보를 검색해 주었다.

명소나 상점들에 관한 자료가 든 미니카드도 🛈에서!

있으면 편리!

『체코어 · 영어사전』만 있으면 영어 표기가 없는 경우에도 걱정할 필요가 없으며 현지 사람들과 대화할 때도 쓸모 있다. 프라하 시내 지도책은 체코 사람들도 휴대하고 다닌다. 모든 거리의 이름이 쓰여 있어 시내 관광에서 꼭 필요하다. Kartografie Praha사에서 발행한 축도 2만 분의 1 지도책이 사용하기 유용하다. 도착한 첫날 서점에서 포켓 사이즈의 지도를 구입하여 여행하는 동안 친구 삼아 같이 다니자.

체코어 · 영어 사전 79kč

프라하 지도책 Praha do Kapsy Plan Mesta 69kč

공휴일

1월 1일 설날	4월 1일 부활절 월요일(해마다 날짜 변경)
5월 1일 노동절	5월 8일 해방 기념일
7월 5일 성 치릴과 메토데이 성일	7월 6일 얀 후스 기념일
9월 28일 체코 건국 기념일	10월 28일 독립 기념일
11월 17일 자유 민주화 투쟁 기념일	12월 24~26일 성탄절 연휴

한국인이 운영하는 숙소

동화 속 프라하 www.czpraha.com
맑음이네 프라하 민박 www.prahalove.com
아호이 프라하 www.ahoj.kr
영은이네집 www.ipraha.com
욱이와 파브리나의 집 www.topraha.com
프라하 딸기 민박 www.gopraha.net
중앙역 민박 www.prahast.com
프라하 바나나 민박 www.prahaminbak.com
프라하 진주의 집 www.prahajj.com
프라하텔 펜션 www.prahatel.com
프라하 하우스 www.prahahouse.com.ne.kr
해피 인 프라하 www.innpraha.com

도움이 될 웹 사이트 및 연락처

- 주체코한국대사관
  Slavickova 5, 160 00 Praha 6-Bubenec, Czech Republic
  ☎ 234-090-411   Fax. 234-090-450
- 주한체코대사관
  서울 종로구 신문로 2가 1-121
  ☎ 02-725-6765   Fax. 02-734-6452
- 체코 관광 안내
  www.czechtourism.com 중국어, 일어, 영어 등 다양한 언어를 지원
- 프라하에 관한 모든 정보
  www.pis.cz 영어, 프랑스어, 독어 등을 지원

- 체코에 관한 인터넷 신문
  www.praguepost.com
- 체코 교통기관 사이트
  www.idos.cz
- 체코 지도 사이트
  www.mapy.cz
- 남보헤미아 지방 관광 안내
  www.jiznicechy.cz 영어와 독어 지원
- 헬로우 프라하(한인 여행사)
  www.hellopraha.co.kr
  ☎ 420-775-262-037/038
- 지니의 프라하 산책(한인 여행사)
  www.geniewalktour.com
  ☎ 420-222-244-244
- 체도크(현지 여행사)
  www.cedok.com 영어 지원

이 책을 끝내며

꿈속에서도 걷는 프라하

여행 마지막 날, 잔뜩 찌푸린 아침.
트렁크를 들고 돌이 깔린 거리로 나서자 개와 산책하고 있는 헌팅캡의 아저씨가 스쳐 지나갔습니다. 언제나와 같은 프라하의 풍경이지만 오늘부터 나는 여기에 없다, 이렇게 생각하자 조금 쓸쓸한 마음이 들었습니다.
즐거워서 더욱 짧게 느껴진 시간이었습니다. 하지만 두 권의 여행 그림일기장에는 많은 스케치가 남아 있고, 마음에 드는 그림책과 물건을 트렁크 가득 채워 돌아온 18일간의 체코 여행. 이 책을 만드는 동안은 항상 프라하에 대해 생각하며(때로는 프라하꿈을 꾸기도!) 그곳에 있는 듯한 기분이 될 수 있어 기뻤습니다.
체코는 무척 먼 나라처럼 여겨졌습니다. 그러나 유럽의 한가운데에 있어 어디에서든 비행기로는 금방이고 기차로는 반나절이면 닿습니다.

가까운 시일에 또다시 프라하를 찾아가고 싶습니다.

이 책을 만드는 데 힘을 보태 준 여러분, 프라하에서 신세졌던 여러분, 그리고 여기까지 읽어 준 여러분, 정말 감사합니다. 이 책을 보며 프라하의 골목골목을 누벼 보고 싶어, 라는 생각을 하게 되었다면 더없이 행복하겠습니다.

이 책이 프라하 여행의 친절한 안내자가 될 수 있기를 바라면서….

스게사와 가요

옮긴이의 글

프라하에 가고야 말리라

저는 지금껏 해외여행이라고는 일본이 전부입니다. 비록 휴가를 이용한 짧은 기간이지만 횟수로야 열 번도 넘습니다. 주위에서 가끔 왜 꼭 일본만 가느냐고 묻는데, 몇 가지 이유가 있지만 그럴 때마다 하는 대답은 정해져 있습니다.

"내가 모르는 말 하는 나라는 싫어서."

제가 즐기는 것 가운데 하나가 여행책 보기입니다. 그래서 이 책을 번역하며 사들인 여행서, 기행서가 몇 권입니다다. 그것들을 보고 있노라면 그야말로 여행을 가고 싶어 온몸이 근질근질해지면서 마음이 들뜨고 달력을 뒤적이는 증세들이 나타납니다.

그런데 지금이 바로 그렇습니다. 프라하에, 체스키크롬로프에, 체스케부데요비치에 가고 싶어 항공 예약 사이트에도 들어가 보고 공연히 호텔 예약 사이트에도 들어가 보고 있습니다.

요즘에는 해외여행을 가도 자신의 취향대로 즐기는 사람들이 많아졌다고 합니다. 저 역시 그런 편이라 카페, 소품집, 인테리어 용품점, 문구점 따위가 옹기종기 모여 있는 골목이나 시장을 누비고 다닙니다. 그러니 이 책에서 소개하고 있는 황금소로의 기념품점들, 중고 서점들, 앤틱 상점들, 바자를 눈으로 직접 보며 걷고 싶어 온통 마음이 흥분됩니다.

낯선 체코의 지명이나 상호를 정확하게 표기하려고 대사관과 대학의 체코어과에 문의를 해가며 애썼습니다. 여러분도 이 책을 읽고 저와 같은 증세를 느끼고 실천에 옮기게 된다면 기쁘겠습니다.

2007년 벚꽃 지는 4월

민성원

Praha 프라하
골목골목
누비기

글·그림 | 스게사와 가요
옮긴이 | 민성원
펴낸이 | 고화숙

1판 2쇄 펴낸날 | 2008년 4월 15일

펴낸곳 | 도서출판 소화
등록 | 제13-412호
주소 | 서울시 영등포구 영등포동 7가 94-97
전화 | 2677-5890
팩스 | 2636-6393
홈페이지 | www.sowha.com

ISBN 978-89-8410-318-4 03980

잘못된 책은 바꾸어 드립니다.
값 9,000원